身長161センチ、体重59キロ。
肥満のうえ便秘症、低血圧、
冷え性に悩んでいた
19歳の女の子が、

Before

After

考え方を変えたら、
13キロ痩せて
美脚インストラクターに
生まれ変わりました。

思考

この世には、「誰でも美脚になれる考え方」があるんです。

美脚

美脚インストラクター 吉永桃子

人間の体は重力にうまく逆らうことで
向上するようにできていて、
重力にうまく逆らえる
〝理に適った動き〟をすると
体全体が整い、
自然に美脚になっていきます。

「体は、一瞬で変わります」。

この言葉は、私が美脚セミナーで生徒さんに毎回伝えている言葉です。大げさに聞こえるかもしれませんが、これまで実際、多くの生徒さんたちに〝意識を変えることで体が一瞬で変わる〟経験をしてきてもらっています。だから、「まさか自分が美脚になれるわけがない」と強く思い込んでいる人がいたら、その考えは本当に損しているなと感じます。

今でこそ美脚インストラクターとして活動している私も、かつては一度も「細い」「脚がキレイ」と言われたことがない人生を送っていました。食べるのが大好きな女の子で、かなりの便秘症。一週間に一度しかお通じがなく、小学6年生の時点ですでに体重が48キロもありました。一番ひどかったのは高校時代で、私の記憶が正しければ、お通じが一カ月に一度しかなかったことも。低血圧で毎日立ちくらみがあり、平熱は35度台。もちろん冷え性でもありました。そして中学、高校の6年間はソフトテニスの部活動を真剣に取り組んでいたため、太ももと腕の太さは今の倍くらいあって、当然おなかは三段腹。卒業後はドーナツ屋さんでアルバイトを始めたものですから、ドーナツの食べ過ぎでブクブクと太り、60キロの大台が目前に迫るところまで行ってしまいました。

苦しい運動も、つらい食事制限も、
マッサージもいらない。
あなたはただ、
「体の使い方を変える」ことに
集中するだけ。

そんな私も、今では太っていた過去をまったく感じさせないボディになり、多くの女性を美脚に導くお仕事をしています。便秘も低体温も低血圧もなくなり、まるで別人のように感じる毎日。だから、この本を手に取

体で理解するため、クラシックバレエを学び始めます。その後は整形外科のリハビリ部に勤務し、独立して整体院を開業したのですが、徐々に施述に限界を感じるようになっていきます。

ってくださった方にまずお伝えしたいのは、「あなたの体も絶対に変われるよ！」ということです。ボディラインは自分の意思でいかようにもコントロールできるから。意識を変えることで、思い通りの美しさに変えることができるからです。

　私はもともとスポーツが大好きで、高校卒業後はアスリートのパフォーマンスを支えるトレーナーを目指し、体の勉強を始めました。そこで動作解析のスペシャリストであり、トップアスリートのリハビリを手がける夏嶋隆先生と出会い、人間の体の構造上、決まっている動作の法則や、体の壊れ方と治し方を学ぶことができました。20歳からは解剖学を

　体の使い方にルールがあることを、多くの人に広めたい。その思いでインストラクターに転向。やがて日本女性に多い内股が脚を歪ませ、ボディラインのバランスを崩していることに気づき、美脚になるための体の使い方を発信し始めます。それらを体系化したものが、私のメソッドです。

美脚と「歪まない・疲れない・
太らない・滞らない」が
同時に叶うから、
まるで生まれ変わって
別の人生を生きているような感覚。

「誰でも美脚になれる考え方と動作がある」。

この事実を知ってほしくて、「美脚思考」というタイトルをつけました。そして何を知り、どう意識を変えればあなたが美脚になれるのか？　これをお伝えするのがこの本の役目です。正しい知識を身につけると意識が変わり、意識が変われば体の動かし方が変わり、体の動かし方が変わればボディラインも自ずと変化し、整っていきます。体内の循環もよくなりますから、体とともに心も整い、自然と思考が前向きになっていく。「美脚を目指すことで、人生が輝く」。これも私自身の体験から、声を大にしてお伝えしたいことのひとつです。女性が輝いて生きるための考え方と体の使い方、心のありよう。そのすべてをまとめたのが「シンデレラ　ビューティ　メソッド®」で、この本はその内容をベースに生まれました。

さぁ、あなたも美脚思考で生まれ変わり、本当に歩みたかった人生へと舵を切りましょう。この本が体にコンプレックスを抱えるすべての女性の、夢を叶える道しるべになることを心から願っています。

美脚インストラクター　吉永桃子

ボディラインは自分の意思で
コントロールできる。
だから、

あなたの体も絶対に変われるよ！

1
「思考」で「美脚」になれるカラクリ

2
「美脚のルール」をインストールする

3

日常生活がエクササイズになる思考法

CINDERELLA
BEAUTY METHOD

1

「思考」で「美脚」になれるカラクリ

なぜ下半身太りになってしまうのか？

私はあなたの体を実際には見ていませんが、あなたがなぜ思い通りのボディラインになれないのか、私にはその理由がはっきりとわかります。それは、**「美脚になれる体の使い方」を知らないから**です。

実は美脚になるには体の使い方のルール、いわば「美脚のルール」というものが存在していて、そのルールに則っていない限り、美脚になることはできません。別の言い方をすると、下半身太りで悩んでいる方は「下半身太りになれる体の使い方」をしているということになります。それってゾッとしますよね？　でも、大丈夫。あなたが美脚になるには「下半身太りになる体の使い方」から、「美脚になれる体の使い方」に変えていけばいいだけです。

美脚になるにはどんなエクササイズをすればいいのか、もしくはどんなマッサージをすればいいのか。インターネットで検索すれば、あらゆるハウツーが紹介されています。でも、最も肝心なのは一日のうちのほとんどを占める、無意識の日常動作。このことを理解しないままエクササイズやマッサージに励んでも、思い通りのボディラインは手に入りません。仮に一時的に美脚になれたとしても、それを完全に自分のものにして、一生涯美脚でい続けることは難しいでしょう。物事の本質が求められる時代となった今、エクササイズやマッサージがあなたを美脚にさせてくれる、という考えは時代遅れ。これからは、あなたがあなた自身の意志と日常の動作で、自分の脚を美脚に変えていく時代です。「美脚のルール」を学んで身につけさえすれば、特別なエクササイズもマッサージもする必要がなくなるのです。

美脚になるには「ルール」がある

美脚になれる「ルール」が存在するなんて、まるで魔法のように聞こえるかもしれません。それは不思議なことでもなんでもなくて、「人間の構造上、理に適った体の使い方をする」という、ただそれだけのこと。これは地球という環境と、人間の体の構造によって決まっている普遍の法則で、だからこそ、それを学べばどんな女性でも美脚を手に入れることができるよ、とお伝えしているのです。その普遍の法則に基づいた「美脚のルール」を、ここで掘り下げて解説しましょう。

人間はその体の構造上、「理に適った動き」と「理に適っていない動き」があります。なぜなら、**地球には「重力」というものが存在しているから**です。**人間の体は、そもそも重力にうまく逆らうことで機能し、向上する**ようにできています。それが「理に適っている」というこになっていきます。その〝本来あるべきボディライン〟こそ、私たちが「美しい」と感じる姿。

逆に「理に適っていない動き」はすればするほど体が歪み、疲れやすく、故障しやすく、ボディラインのバランスは崩れていきます。体は一瞬たりとも停滞していることはなくて、絶えずどちらかの動きを行っています。一歩を歩く動作の中にも、多くの人は理に適った動きとそうでない動きが混在している、というように。そして、理に適った動きの割合が少ないほど美脚から遠のき、体の老化も加速していきます。年齢を重ねるほど、同世代でも見た目や体の機能に大きな差が生まれるのは、一人一人の美意識のレベルや運動量、生活習慣の違いだけではなく、「体の使い方」にも大きな理由があるのです。ですから理に適った動きを学び、その割合を増やしていけば老化のスピードが弱まり、実際に若返りが叶います。

よく年齢を気にされ、「私は今からでも変われますか?」と質問をいただくのですが、いつも自信をもって「大丈夫です」とお答えしています。最高齢で79歳の女性に体の使い方を指導したことがあり、もちろんその女性もきちんと機能が向上しました。確かに高齢の方ほど体の歪みや変形が激しくて、それを完全に元に戻すことは残念ながらできません。でも、その体の今もっているポテンシャルを最大限に発揮させることは可能です。ですから年齢は気になさらず、読み進めていってほしいと思います。

疲れない・太らない・歪まない・滞らない体と美脚は同時に手に入る！

あなたが美脚になるために、重要なキーワードは「重力」だとお伝えしました。「美脚のルール」に則り、重力に適応した（＝理に適った）動きをすれば、体は歪むことなく、自然とボディラインが整っていきます。そして体の機能が向上し、若返りすら可能なこともお伝えしました。美脚を目指すことで、ボディ全体にとってうれしいさまざまなことが、同時に起こる。これを私は「うれしいおまけが芋づる式についてくる」と言っています（笑）。

この「うれしいおまけ」は、疲れない・太らない・歪まない・滞らないが同時に手に入るだけではありません。骨格が正しい位置に整い、適切な筋肉が使えるようになることで血液やリンパの流れがよくなりますから、むくみからも解放されます。そのほか、私は長年の便秘や生理痛がなくなりましたし、生徒さんたちからは腰や膝の痛み、肩こりの軽減など、たくさんのうれしい報告を受けています。「疲れ」に関しては、今までの常識から「体は使えば疲れるのが当たり前」と思っている人がほとんどかもしれません。でも、私が見出した事実はその逆。**理に適った使い方をすると、体は循環がよくなるから疲れない**のです。

象徴的なエピソードをひとつお話ししましょう。私は20歳の頃、そのことを証明するために〝24時間ウォーキング〟を実行しました。京都の南部から北部へと距離にして110キロ、24時間歩き続けたのです。普通に考えれば足や膝、股関節への負荷から体のあちこちが痛くなりそうなもの。でも、ひたすら理に適った歩き方をし続けた私の体はどこも痛まず、だるさも疲労感もなく、110キロを完歩したのです。しかも自宅に帰って脚を見ると、まったくむくみがなく、むしろ今までで最も美しい脚になっていました。「何もむくみのない私の脚って、こんなに美しいんだ！」と惚れ惚れしたのを、今でも鮮明に覚えています。

奇しくもその日は『24時間テレビ』で、タレントの山田花子さんが同じく110キロを24時間で走破した日。山田さんは体のあちこちを痛めながらなんとか完走されていましたが、私は同じ距離を寝もせず食べもせず、それでいて疲れることなく、体のどこかを故障することもなく歩ききりました。しかも、それまでで一番美しい脚、といううれしいおまけつきで。こんなふうに「理に適った体の使い方は、本当にやればやるほど良いことしかもたらさないのか？」ということを探求し続け、15年間成功体験を積み重ねてきました。

さらなるおまけとして、体の歪みがなくなるこのメソッドを実践することで「身長が伸びた」という方がたくさんいらっしゃいます。体中のあらゆる歪みが整うことで、結果として背が伸びるからです。私自身は1．5センチ伸びましたし、生徒さんの中には50代の女性で0．6

センチ、30歳前後の女性で1年の間に2センチ伸びたという方も。

もちろん、これらの結果は全員にもれなく保証できるものではありません。ただ、理に適った体の使い方をすることで体のあらゆる機能が改善され、向上していきますから、その方の体の状態によって得られる結果はさまざまであれ、うれしいおまけがついてくるのは確実です。

疲れない・太らない・歪まない・滞らない体と美脚は、同時に手に入ります。それを知らないまま人生を送るなんて、なんてもったいないことでしょう！

リバウンド0《ゼロ》の世界へようこそ

ここまで読んでお気づきかもしれませんが、この本はただ美脚エクササイズを指導するものではありません。そもそもの体の使い方を、普遍の法則に基づいて身につけ直していくものです。それはつまり、あなたがふだん日常生活の中で無意識に行っている体の使い方の〝クセ〟を改めるということ。そこに美脚を叶え、美脚であり続けるための決め手があります。

人は誰もが無意識のうち、体の使い方にクセが生まれます。例えば右利きか左利きかもそのひとつで、片方の手ばかりを使い続けることで、左右の骨格や筋肉のバランスに偏りが生まれます。ほかにも立ち仕事かデスクワークか、電車通勤か自動車通勤か、ヒール派かスニーカー派か、スポーツをするかしないか、出産経験があるかどうか、こういった生活のさまざまなシーンでクセは生まれ、生きて来た年数の分、あなたの体に積み重なっています。これは生きていればどうしても避けられないことで、**そのクセが歪みにつながり、歪みが理に適った動作を妨げ、自ら美しいボディラインを遠ざけてしまっている**のです。

ダイエットをしてもなかなかボディラインが変わらない、一時的に達成しても、すぐに元に戻ってしまうのはそのためで、けれどその元凶となる〝無意識のクセ〟を、限りなく少なくすることもまた可能です。それにはまず、自分の体の使い方にクセがあるのを自覚すること。そして意識的にそれを正し、本来の理に適った動きを体に再インストールするのです。無意識のうちにハマっていた下半身太りのスパイラルを脱却できたら、あとはもう、脚は美しく整うしかありません。第2章で詳しく解説する、理に適った立ち方や歩き方をマスターするだけでも、その効果を十分実感することができるでしょう。

美脚になることを心から願っていても、日常動作がそれに反していれば叶わなくて当然です。それに、結局同じように毎日を過ごすのなら、歪みや疲れを寄せつけず、ボディラインが自然に整う動作をする方が断然おトクです。「美脚のルール」を体にインストールすれば、2度と下半身太りになれない体が手に入る。それがリバウンド0（ゼロ）の世界です。

誰も詳しく教えてくれない美脚のカギ

日常生活が快適になって、ボディラインを美しくするエクササイズにもなり、一度体にインストールすれば決して元に戻ることがない。それが「美脚のルール」です。ではそれは実際、何をどのように身につけていけばいいのでしょうか？　その答えのカギは**足、とくに足指の使い方と足裏の筋肉**にあります。美脚を叶えるカギが足にあるなんて、ちょっとピンとこないかもしれません。でも、ここが肝心なので、しっかり理解してくださいね。

足というのはご存じの通り、体を支える土台です。片足が28個の骨で形作られていて、土踏まずを含めて3つのアーチでドームを形成しています。歩く時の地面からの衝撃の分散や、自分の体重を支えるのが主な役割です。ところが、多くの人は足の骨が本来あるべき状態から大きく崩れ、それに呼応して上にのっているすべての骨も位置が崩れてしまっています。

なぜ土台である足の骨格が崩れてしまうのでしょう。その理由は意外と身近なところに潜んでいて、「フラットな固い地面」という現代において当たり前の環境が、私たちの足を歪めさせる大きな要因。原始時代を想像してみてください。今のようなフラットな固い地面というものはほとんどなく、常にデコボコした地面の上を裸足で歩いていたはずです。不安定な地面の上を歩くため、体はバランスを保とうとして自然と足指を使おうとします。それによって足裏の筋肉が発達し、骨格を維持して体全体をしっかりと支える土台になる。

かたや現代では、屋外はコンクリートやアスファルト、家の中はフローリングという環境が増え、足指を使わなくても歩けるようになりました。使わなければ、その部分の筋肉はどんどん衰えていきます。でも、体にとって足指は必要だからあるわけで、足指がないと体を支えることができない構造をしているにも関わらず、現代人の多くはその機能が退化しています。その結果、足裏の筋肉が衰えて骨格が崩れ、体全体が歪んでいく……。その状況はまるで、基礎工事がまったくできていない土地に高層ビルを建てるようなもの。だから足、とくに足指の使い方と足裏の筋肉が美脚のカギで、その立て直しなくして美脚作りは叶わないのです。

美脚は〝下から上へ〟と作り上げる

人は立っている時、必ず足に体重をかけ、体を安定させています。ですから、ここを抜きにしてその上の脚にばかり目を向けても、立った時にどう支えれば体が安定するのか、感覚としてわかりづらいのです。

例えば、ピラティスの場合は骨盤への意識を重視します。それ自体はとても良いことなのですが、そのためのエクササイズの多くは足に体重がかからない、床に寝た状態で行われます。でも、体はパーツごとに独立しているわけではなく、すべてが連動していますから、そのやり方だと実際に立った時、足と骨盤がどう連動するかが体感としてわかりにくくなります。そのため、習得するのに時間がかかってしまうと私は考えています。

体の骨には、ひとつひとつ〝正しいポジション〟があります。骨が正しいポジションに収まることでスムーズに連動し、理に適った動作が行えるようになります。それを頭だけでなく体でも理解することが必要になりますが、すべてのポジションをいっぺんに正すことはできません。だからプロセスが必要で、私のメソッドでは**足に始まり、膝、骨盤（下腹部）、背骨と肋骨、肩、首、この順番で位置関係を正し、使い方を身に付けていく**指導をしています。頑丈な建物を作るのと同じように、土台から順に進めていくのが最も効率のいい方法なのです。

「美脚のルール」をインストールする順番

①足と膝
②足と膝と骨盤
③足と膝と骨盤と肋骨&背骨
④足と膝と骨盤と肋骨&背骨と肩
⑤足と膝と骨盤と肋骨&背骨と肩と首

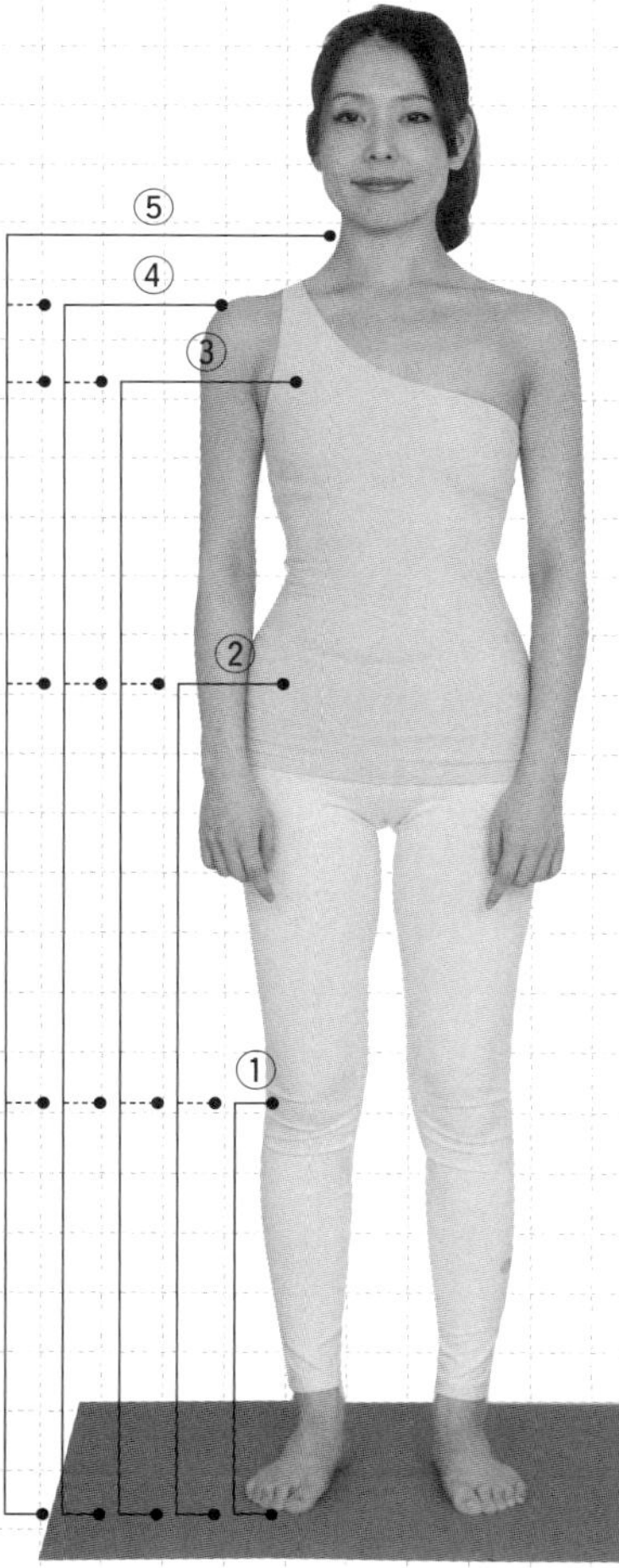

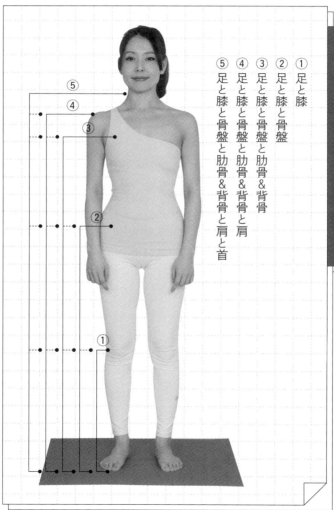

骨を制するものが美脚を制する

ボディエクササイズのＤＶＤや、筋トレマシンを紹介しているショッピング番組などで、「この筋肉を鍛えよう」と「筋肉」にフォーカスした解説をしているものがよくあります。確かに、美しいボディは筋肉のラインによって作られてはいるのですが、効率よく美脚を作るには筋肉よりも骨にフォーカスするべき、というのが私の考えです。**骨が正しい位置にあれば、付随する筋肉は適切に働かざるを得ず、整ったラインになるしかない**からです。

逆に、骨の位置が歪んだまま筋肉を働かせる（鍛える）と、ある部分には過度に負荷がかかり、ある部分にはほとんど負荷がかかっていない、という状態になってしまいます。そうするともちろんボディラインもアンバランスになりますし、必要以上に負荷がかかり続けた筋肉に痛みが生じることもあります。問題はさらに関節にも及び、ある関節への負荷が過度になり、一定の負荷を超えてしまうとそこが痛み、故障に至るケースも起こり得ます。このように、骨の位置は体の構造の上でも、日常を快適に過ごすうえでも軸となるもの。骨格が歪んだまま筋肉を鍛えてしまうと、美脚が遠のくばかりでなく、健康上のリスクも大きくなってしまうのです。

また、骨格が歪んでいる状態は近辺を通っている血管やリンパ管、神経も本来の位置からずれていることになりますから、それらの流れが滞ります。歪みがひどくなるほど滞りも増し、疲れやすく、回復しづらい体になっていく。この連鎖を断ち切って、美脚へと一気に加速させてくれるのが「骨を正しいポジションにキープする」というアプローチなのです。骨の位置さえ正しければ、適切な筋肉が適切な度合いで骨を支え出すので、ボディラインのバランスがおのずと整います。「骨を制するものが美脚を制する」というのは、そういう理由です。

だから、「部分痩せ」は簡単！

下半身太りで悩む人たちの中には、「上半身はすっきりしているのに、下半身だけが痩せない」という人がたくさんいます。「二の腕や脇下の贅肉が取れない」というのもよく聞くお悩みです。せっせとエクササイズやマッサージに励んでも、なかなか叶わないのが部分痩せ。でも、「美脚のルール」をインストールすると、そんな問題も難なくクリアできます。

すべての骨が正しい位置に整えば、適切な筋肉が適切な度合いで働くことを、ひとつ前でお話ししました。その話を「部分痩せ」に置き換えてみましょう。骨が正しい位置に整うことで、今まで使い過ぎていた筋肉は自動的にお休みし、逆に全然使っていなかった筋肉が働き始めます。**痩せないパーツは筋肉が適切に働いていなかったことが主な原因ですから、それが働き始めれば当然その部分は引き締まり、痩せていきます。**だから、あなたはただひたすら「美脚のルール」に則り、理に適った体の使い方に集中するだけでいいのです。それだけで、体全体がいわば勝手に美しい方向へと変わり始めます。

「そんな魔法のような話、本当にあるの？」と思われるかもしれませんね。でも、これは本当のお話です。そう言い切れるのは、私の目指す美脚、美しいボディには確かな指針となるお手本があるから。そのお手本とは、バレエダンサーのボディです。

お手本は機能美の最高峰、バレエダンサー

「姿勢を正しなさい」。多くの方が、一度は親から注意されたことがあると思います。でも、そもそも「正しい姿勢」がどういうものかをご存じでしょうか？「背筋を伸ばせばいいんでしょ？」「胸を張ればいいのよね？」そんなふうに答えられても、それ以上は説明できない方がほとんどだと思います。正しい姿勢は「美脚のルール」の基本中の基本で、その中には骨の位置、連動の仕方や動かし方など、意識すべきことがいろいろあります。そこで登場するの

がクラシックバレエのダンサー。彼らは**全身の隅々まで意識が行き届いていて、重力に対しこれ以上ないほどうまく逆らい、寸分狂わず体をコントロール**しています。その集大成が見惚れるほど美しいボディラインであり、羽のように軽やかな動き。バレエダンサーは体における、機能美の最高峰といえます。実は、骨と筋肉を理解する解剖学を学ぶとき、必ず見本として登場するのもバレエダンサー。**その体の動かし方が人間の構造上、非常に理に適ったものであり、最も体に歪みを生まない動きだから**です。第2章でお教えする「美脚のルール」を体系化したメソッドでは、バレエダンサーの動作を〝体の歪みを自力で軽減させる〟方法として応用しています。それを日常動作にも生かせるようになれば、美脚への変化を加速させることも可能です。

中には「バレエ」と聞くとたんに苦手意識をもち、「体の硬い私がバレエなんて絶対に無理！」とおっしゃる方がいるのですが、もちろんあの踊りをマスターしなさい、というわけではありません（笑）。クラシックバレエの要素を応用し、美脚を作っていくのです。どんなに体が固い方でも問題ない方法ですから、どうぞ安心してくださいね。はっきり言えば、今のあなたの柔軟性とボディラインを美しくすることは無関係なのですから。

美脚に必要なのはインナーマッスル

「骨を制するものが美脚を制する」というメカニズムを先にお話ししましたが、骨を正しい位置に整えることで、それを実際に叶えてくれるのがインナーマッスルです。インナーマッスルは幾重にも重なった筋肉の中で最も深く、最も骨に近い場所にあり、「骨を正しい位置に保持する」という役割をもちます。関節を最大の可動域まで動かすとき、使われるのもこの筋肉です。つまり、**インナーマッスルは整えた骨の位置をキープし、体の柔軟性を高めてくれる筋肉**なのです。

一方で、最も皮膚に近い場所にあるアウターマッスルは「外からの衝撃から身を守る」というのが主な役割。例えばラグビー選手が肩の筋肉を鍛えるのも、接触プレーをした時にその衝撃で関節が外れないよう、アウターマッスルでしっかり守るため。言い換えれば関節を固めるわけで、自ずと関節の可動域は制限されます。ですから、**アウターマッスルばかりを鍛えると体からしなやかさが失われ、また歪みを正しにくくもします**。とくにO脚やX脚など脚に歪みがある人、前腿にしっかり贅肉がついている人が美脚を叶えるには、不向きな筋肉といえるでしょう。

インナーマッスルは深部にあるぶん意識しづらいものではあるのですが、それを意識でき、使えるようになると今度はアウターマッスルを使わなくなり、美脚を阻んでいた余計な筋肉や脂肪が落ちてスッキリしてきます。筋肉自体の質もだんだんと柔らかく変わっていき、やがて〝引き締まっているのに柔らか〟という、女性らしい理想的な美脚が叶うのです。だからくれぐれも、「美脚のルール」で働かせるべきはインナーマッスルと覚えておいてくださいね。

インナーマッスルを感じられると、食べ過ぎがなくなる

インナーマッスルを意識し、使えるようになることでもうひとつうれしいのが、食事の食べ過ぎが自然に減っていくこと。「丹田（たんでん）」という言葉をご存じでしょうか？ おへそから5センチほど下にあり、実はこれもインナーマッスルの一部。下腹部にあるいくつかのインナーマッスルが働くと感じることができるのですが、私自身もはっきりと体感しています。鍛錬していくとごく自然に丹田を使って生活することができ、例えば歩いている時は常に丹田に少し力が入っている感覚です。

ところがインナーマッスルであるこの丹田は、食べ過ぎたり便秘になったりすると力が入りづらくなるという側面があります。つまり、おなかの中に余分なものが溜まると感覚が薄らいでしまうのです。そうすると体の安定感が弱まり、重力にうまく逆らうことができません。また一度丹田を使った生活になじんでしまうと、感覚が薄らぐことで生じるこのなんともいえない不安定感が嫌になります。ブッフェ好きだった私も、丹田がはっきりと感じられるようになってからは食べ過ぎてその感覚が抜けてしまうことの方が嫌になり、自然とセーブするようになりました。これは多くのバレエダンサーが共通してもっている感覚でもあります。

このように、インナーマッスルをしっかりと感じられるのは感覚的に鋭敏な体です。体の変化に敏感になるから違和感にすぐに気づけ、そこへの対処が早くなります。だから本来は老化していくにつれ、次第に鈍感になっていく身体感覚に逆らい、いくつになっても若々しさを保つことができる。**関節や筋肉をしなやかにし、食事量や便通にまで影響を及ぼすから、それ次第で別人のようなボディに生まれ変わることができる**んですね。体は正しく使うと、おもしろいことがたくさん起こります。その体験を、あなたにもぜひしてほしいと思います。

あなたも絶対、美脚になれる！

さぁ、ここまで読み進めて、あなたが美脚になれる理由をたくさん感じていただけましたか？　それでもまだ自分が美脚になるなんて信じられない、という人がいるかもしれません。そんな人にもう一度「大丈夫だよ」とお伝えするために、もうひとつエピソードをお話ししましょう。

２０１３年の８月、私が初めて美脚セミナーを開催した時、足を運んでくださった女性がいました。その方は40代の、とある食品会社の経営者。なんと「食べることがお仕事」なのです。そのため、いらした当時はかなり太っていらっしゃいました。どれくらい太っていたかというと、ＸＬサイズの服がきつくて入らない、というくらい。自分の体に劣等感を感じ、さまざまなダイエットにトライされていました。高額エステに通ってはリバウンドし、フィットネスジムも加圧トレーニングも効果なし。ゴボウ茶やトマト、リンゴダイエットもダメ。ヨガもサウナも足ツボも、〝巻くだけダイエット〟でも成果が出ない。そうして半ばあきらめかけていた頃、偶然私のことを知り、学びに来てくださったのです。

この方は体の柔軟性が乏しく、前屈すると床と手の距離が30センチほど開いていました。ところがセミナー開始早々「ゴルフボール　フットケア（48ページで解説）」で足を整えると、すぐに手が床につくほどに変化しました。一回のセミナーでだいたいの歪みがとれ、確かな変化を実感したことで、その後一年間私のメソッドだけを実践し続けたそうです。すると、とても素敵な奇跡が起きました。

彼女はじわじわと痩せていき、1年で16キロものダイエットに成功。それも、食べることが仕事なので、〝好きなものを好きな時に好きなだけ食べる〟という生活は変わらないままで。「美脚のルール」をインストールし、それまでと体の使い方がまったく変わったことで、外見が美しくなったのはもちろん、自信に溢れ、堂々と自分を表現することができるようにもなりました。まさに「別の人生」と呼べるほどの変化です。

このエピソードは、決して彼女だけの話ではありません。〝体の使い方を変える〟というのはそれくらい、ドラマティックな変化を起こすことができるのです。だからあなたがもし、今の人生に不満があるなら、今までの体の使い方を変えることで人生を変えることができるかもしれません。このエピソードの彼女や私、ほかの多くの生徒さんたちのように。

体の使い方を変えたら、
ボディラインと一緒に
人生も変えられるかもしれない

CINDERELLA
BEAUTY METHOD

2

「美脚のルール」をインストールする

意識が動作を変え、動作が美脚を作る

ここからは「美脚のルール」を具体的に解説しながら、あなたの体にインストールする方法をお伝えしていきましょう。最初に理論を頭で理解してから、エクササイズを通して体感する。この順番と組み合わせがキモになりますので、そのように進めていきます。誰もが必ず、そして効率よく美脚を作っていけるよう考え抜いた内容ですが、始めるにあたって心に留めてほしいことが2つあります。

1つ目は、**エクササイズは体に意識を集中させて行う**ということ。一章で「美脚はあなたの意思と意識で作れる」とお話ししましたが、それはいかに自分の意思で、自分の体を正確にコントロールできるか、あるいはしようとするかの一点にかかっています。その意識があなたの動作を変え、動作が美脚を作るのです。だからエクササイズの目的とやり方をきちんと理解したうえで、体に意識を集中させて行うことがとても大切。それさえ怠らなければ、一回一回のエクササイズの効果を十分発揮できるのですが、スピードを速めて雑に行ったり、回数をこなすことにこだわってしまうと思うような結果を出せません。エクササイズを行うときは、何よりも「正確さ」が最優先です。

また後ほど詳しく解説しますが、美脚作りに必要となるインナーマッスルは呼吸によって目覚め、働かせることができますので、エクササイズは呼吸に合わせたペースで行うことも基本になります。

体に最大限の意識を向けて、しかるべき筋肉を使い、自分の動作を正確にコントロールできるスピードで行っていく。まずはこの点を私とお約束してください。

3カ月間、美脚になることに集中する

2つ目は、**体は一瞬で変わるものの、変わり切るには一定期間が必要になる**ということです。「美脚のルール」をあなたの体にインストールするというのは、今まで無意識に行っていた下半身太りになる体の使い方を、そっくり別のものに入れ替える作業です。例えば、何か体にいい習慣を新たに身につけようとしていると考えてみてください。始めのうちはかなり意識していないと忘れてしまったりして、それでも続けていくうちに、いつしか意識しなくても実践できるようになっている。「美脚のルール」のインストールも、それと同じです。

しかも、これまでの間違った動作で積み重ねてきた歪みを正しながら進めるわけですし、みな

さんに目指していただくのは一時的な美脚ではありませんから、それを一週間や一カ月で叶えられるとはいいません。ひと通りの理論とエクササイズを学ぶのに、まずは一週間。内容自体はとてもシンプルで、行うのにたいした時間はかかりません。そして同じメニューをもう一週間くり返したら、その後は苦手だったり難しく感じたりしたルールをひとつふたつピックアップして、1日15分くらい反復練習。一カ月ほどで、あなたの体に応じたなんらかのうれしい変化をはっきり感じるようになるでしょう。そして、「美脚のルール」がしっかりと身につき、体が生まれ変わるのに要するおよその目安は3ヵ月。その間、体に意識を向ける時間が長いほどスピーディーに変わっていけます。「えっ、そんなにかかるの？」と思われるでしょうか？　でも、その期間を過ぎれば年を重ねる毎に脚が美しくなっていく人生に、シフトチェンジしていけるのです。

私もかつて、体に対して強いコンプレックスをもっていました。でも、体の使い方を変え続けてきた結果、33歳の今でもボディラインは進化し続け、そして心の底から自信が溢れてくる毎日を送っています。「美脚のルール」を身につけることは、人生を左右するほどの一大事。3ヵ月間はそのために〝人生で最も自分の体と向き合う期間〟と定め、集中して取り組んでほしいと思います。

※この章でお伝えする内容とエクササイズは、すべて私が開発した「シンデレラビューティーメソッド」のオンライン講座のメニューです。この講座はインターネット上で、動画とテキストを使って学べる教材で、より詳細かつ本格的なカリキュラムになっています。本書でわかりにくかったり、もっと深く学びたいと思った方はこの教材と合わせて学んでいただくのがおすすめです（専用サイト http://cinderellabikyaku.com ）。

「美脚のルール」をインストールする流れ

今日から毎日の習慣に

- □ 美脚のルール①… 体の状態を感覚で把握する
- □ 美脚のルール②… 足裏に疲労物質を溜め込まない
- □ 美脚のルール③… 足指の本来の機能を取り戻す

1日目

- □ 美脚のルール④… 理に適った正しい立ち方

2日目

- □ 美脚のルール⑤… 理に適った正しい歩き方

3日目

- □ 美脚のルール⑥… 上半身の体重は上半身で支える（呼吸法Step1）

4日目

- □ 続・美脚のルール⑥… 上半身の体重は上半身で支える（呼吸法Step2）

5日目

- □ 美脚のルール⑦… 骨盤はニュートラルポジションにキープする

6日目

- □ 美脚のルール⑧… 肋骨の位置は骨盤の真上

7日目

- □ 美脚のルール⑨… 股関節と膝とつま先は常に外向き

あとは身につくまで反復練習！

"Install Rules!"

【美脚のルール①　毎日の習慣】

体の状態を〝感覚〟で把握する

私を含め、どんなに動作を意識していても、体に歪みやねじれのない人はいません。実際は左右差のあることがほとんどで、その差を感じ取ることから体に意識を向ける練習は始まっています。「自分の体の状態を、常に感覚で把握する」ということを心がけてみてください。すると、**どんどん体の感覚が繊細になり、自分の体をコントロールできる範囲が増えて**いきます。そのために、今日から習慣にしてほしいことのひとつがボディチェックです。

体を真下と左右に前屈させるとても簡単な動作ですが、「美脚のルール」を実践していくと、この前屈の動作がどんどん柔らかく変化していきます。なぜなら、「美脚のルール」は歪みを生まない、体の可動域が上がる動作で、身につけるほどその度合いが高まるからです（実際は前屈だけでなく、あらゆる関節の可動域が上がっていきます！）。言い方を換えれば、前屈が柔らかくなったら「美脚のルール」がうまくインストールできている、ということでもあるわけですね。その変化を感じ取るのに欠かせないのがボディチェックで、この本の冒頭で「体は一瞬で変わる」と述べた理由でもあります。

関節の可動域の変化 股関節の例

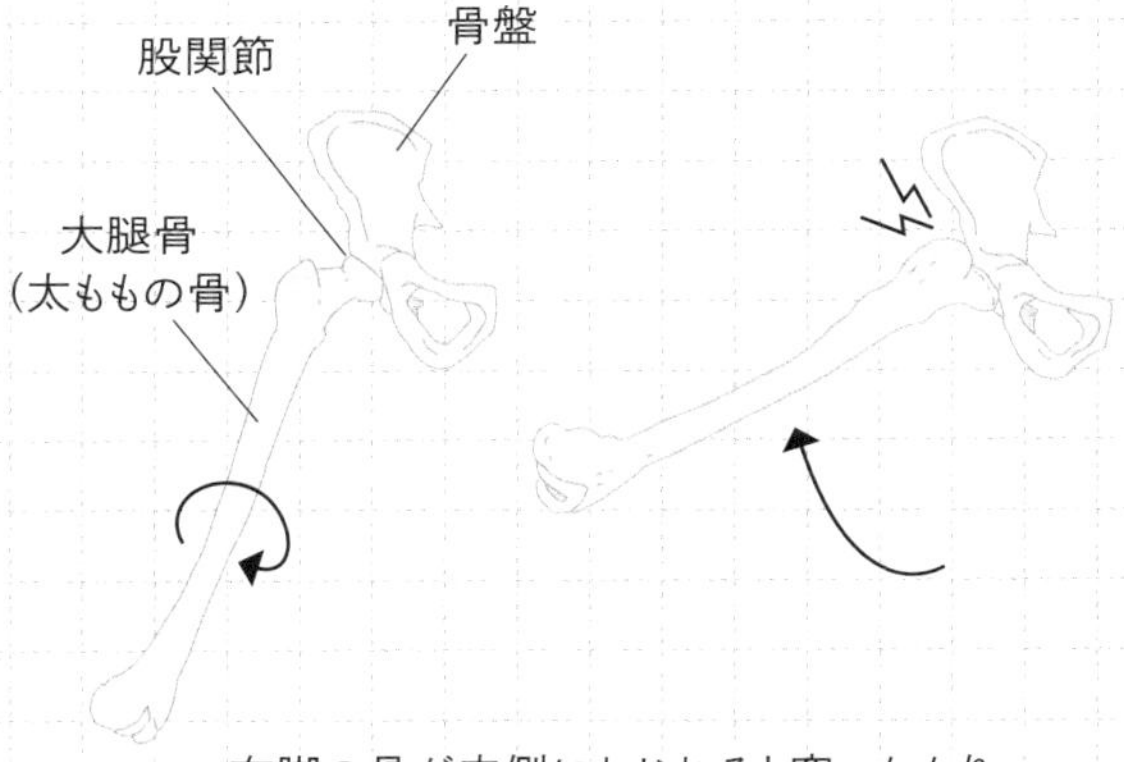

右脚の骨が内側にねじれると突っかかり、
可動域が狭くなる

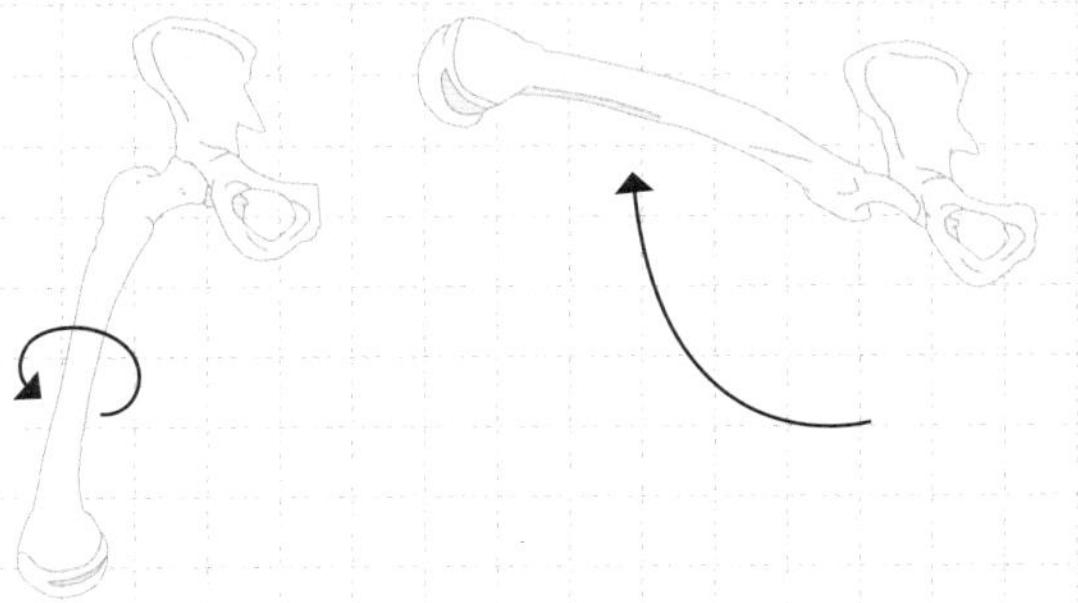

右脚の骨が外側にねじれると突っかからず、
可動域が広くなる

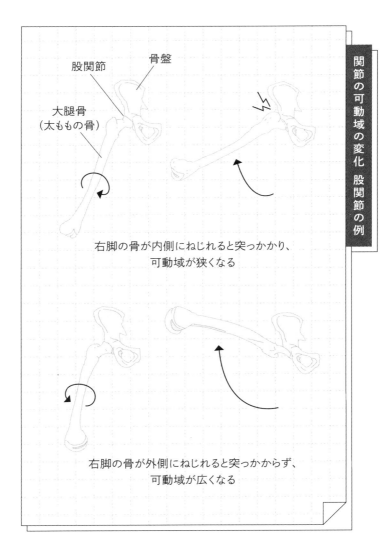

"Install Rules!"

ボディチェックで 体が一瞬で変わるのを体感しよう

今日のあなたの関節の可動域のチェックです。右と左の差を体でしっかりと把握し、エクササイズの前後でどんな変化があるかを感じ取りましょう。

process
1

肩幅に足を開いて
真っ直ぐに立つ

床と手の距離感、
腿の裏、膝裏の張り感は

process
2

ゆっくりと
前屈していく

process

3

両手を
右足首に近づける

process

4

両手を
左足首に近づける

【美脚のルール② 毎日の習慣】

足裏に疲労物質を溜め込まない

一章で美脚は足の立て直しから始まる、とお話しました。そのために欠かせない準備に当たるのが「足裏に疲労物質を溜め込まない」というルールです。

「疲労物質」というのは、「足がだるい」「足の裏が疲れた」そんなふうに感じる要因になっているもの。足裏をマッサージするとゴリゴリいう、あの固まりです。足裏に疲労物質が溜まっていると、血液やリンパの流れを妨げるのはもちろんのこと、**筋肉と骨を正しく動かしづらく**なってしまいます。体の血液循環は心臓から動脈を通って足へ向かい、静脈を通って戻っていきますから、その方向へと疲労物質を流してあげるサポートをすることで、本来の機能を取り戻すことができます。

ただし、日常生活の中で正しい歩き方ができていれば、そもそも足裏に疲労物質が溜まることはありません。ところが現代社会においては不利な点が2つあり、それが正しい歩き方を妨げています。ひとつは一章でもお話した「フラットな固い地面」。この上を歩き続けることによって足指がうまく使えず、足の骨格が崩れ、足裏全体の筋肉が衰えています。血液が下から上へと向かう時は、筋肉の伸縮というポンプが欠かせないのですが、足の骨格が崩れることで筋肉が衰え、ポンプ機能が十分でないために、常に足裏に疲労物質が溜まってしまう環境にいるという点です。もうひとつは、「フラットな固い地面」が増えたことで発達してきた靴。その靴に適切なものがまだまだ少なく、むしろ足裏を余計に疲れさせるものが多いのが現状です。

このように、足裏にはどうしても疲労物質が溜まりやすく、日常的にそれを取り除くケアが必要となってきます。その方法としてベストなのが、ゴルフボールで疲労物質をほぐして流す「ゴルフボール フットケア」です。

あらかじめ伝えておきますが、この「ゴルフボール フットケア」、最初はかなり痛みを感じます。これまで足裏に関心がなかった人ほど、悶絶するような激痛が走るかもしれません。当然ながら、疲労物質の溜まっていない人はどれだけ強くほぐしても痛くなく、それどころか気持ちいいと感じてクセになるほど。私も19歳からやり続けていますので、どれだけ強く行ってもまったく痛みを感じません。やり方はとても簡単ですし、続けていくと必ず痛くなくなる日が訪れますから、諦めずに取り組んでいってくださいね。

桃子オリジナル、フットケア専用ゴルフボール。濃淡2種類のピンクのボールに、ロゴを配したキュートなデザインです。2個セット、詳細はウエブサイトにて。www.dynamic-beauty.net/ball.html

"Install Rules!"

ゴルフボールフットケア

片足3分
以上
何回でも

足裏に溜まりやすい疲労物質を流し、筋肉をケアする方法。
効率よく美脚を作り、キープしていくために
まずはこのケアを毎日しっかり、丁寧に行いましょう。

体重をのせて
ギュッ

process
1

土踏まずのライン上、
内くるぶしの真下あたりに
ゴルフボールを置き
体重を乗せて踏みつける

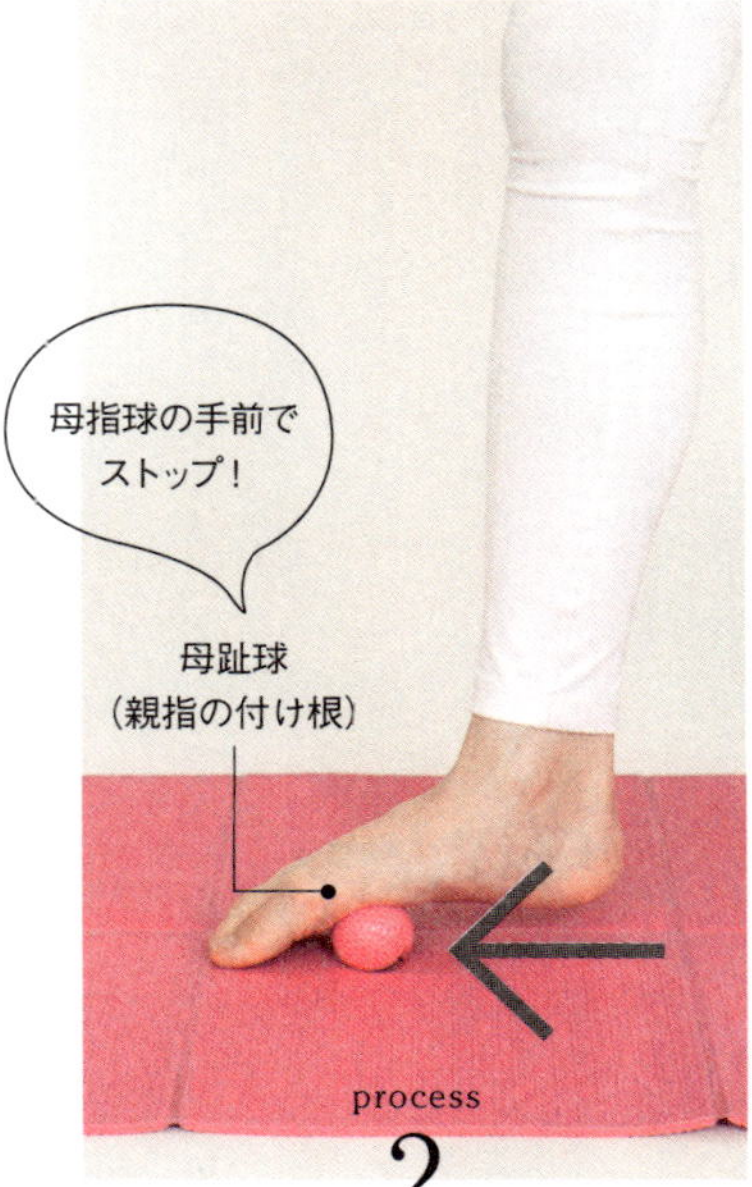

母指球の手前で
ストップ！
母趾球
（親指の付け根）

process
2

体重をかけたまま
ゴルフボールをつま先方向へ
転がし、母趾球の手前で
止める。**1**に戻ってくり返す

＼ point 1 ／

足裏に体重をしっかりかける

足裏は何層にも筋肉が重なっている場所。深部にある筋肉の疲労物質まで流しきるには、グサッと突き刺すイメージでしっかり体重をかけないと届きません。痛いからとあまり体重をかけずに行うと効果が出ないので、しっかり体重をかけ、確実に足裏の疲労物質を指先へ流してあげてください。

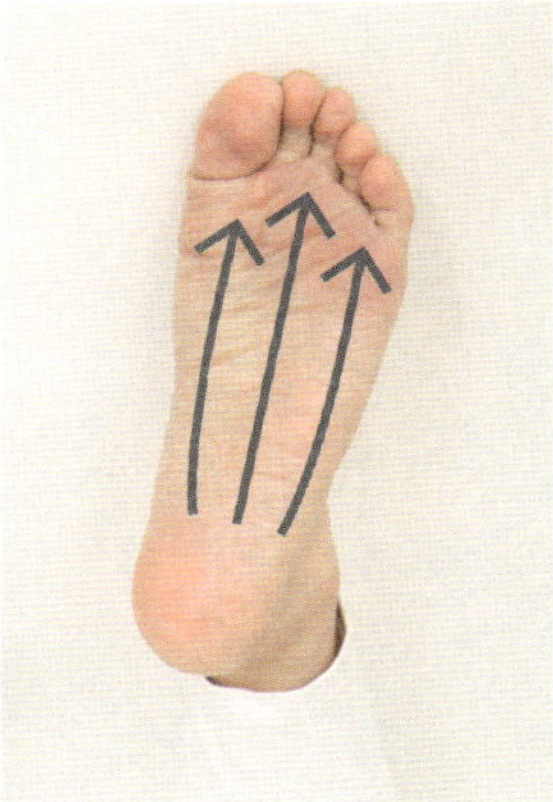

＼ point 2 ／

かかとからつま先へ3本のラインに分けてほぐしていく

血流の向きに合わせ、方向はかかとからつま先に向けての一方向のみ。かかとから親指（土踏まず）へ、かかとから中指へ、かかとから小指へと3本のラインに分けてほぐしていくと、まんべんなくケアできます。土踏まずに最も疲労が溜まっている人が多いので、しっかりほぐしていきましょう。

ゴルフボールを転がした時、足裏にゴリゴリ、ブチブチという音や感触がありましたか？それが疲労物質や老廃物で、このケアをとても痛いものにしている原因です。痛みに負けず、片足につき1日最低3分ずつを続けてみてください。すると、1カ月後にはほとんど痛くないという状態になる人が7割くらいいらっしゃいます。それ以上かかる人ももちろんいますが、続けていくうちにだんだん痛みはやわらいでいきますので、がんばってトライしてください。

そして、右足だけフットケアを終えたところで前屈を行ってみましょう。ケアを行った右脚だけ腿の裏側の張り感がやわらぎ、前屈の可動域が増え、ふくらはぎがスッキリ、軽くなっているはずです。体の土台である足から滞りと歪みの原因が取り除かれたことで、その上にある脚の骨と関節が自然に整い、また滞っていた血液やリンパの流れがよくなったからです。それほどの即効性を発揮するのが、この「ゴルフボールフットケア」です。一度体感すれば、足の疲労や歪みがどれだけ体全体に影響を与えているかがわかり、びっくりすると思います。

時間帯を問わず行えるケアですが、おすすめは夜眠る前。翌朝の脚の疲れやむくみの回復具合がまったく違いますから、積極的に行ってみてくださいね。

【美脚のルール③ 毎日の習慣】

足指の本来の機能を取り戻す

３つ目のルールは、足を美脚の揺るぎない土台にするため、また正しい立ち方、歩き方を行うための要となる足指にフォーカス。

足指は手と同じ構造をしていて、同じように「拳の関節」があります。ですから、**本来は指をグーの形にすると拳が見えるはず**なのですが、多くの人の足は歪んでいて、拳が見えない状態になっています。これはふだんの立ち方、歩き方が悪いため、足指の付け根の関節が逆方向に変形してしまい、拳を作る方向に曲げられなくなってしまっているからです。

それがどれだけ大変なことかは、手で試してみていただければすぐにわかります。「今日一日、指の付

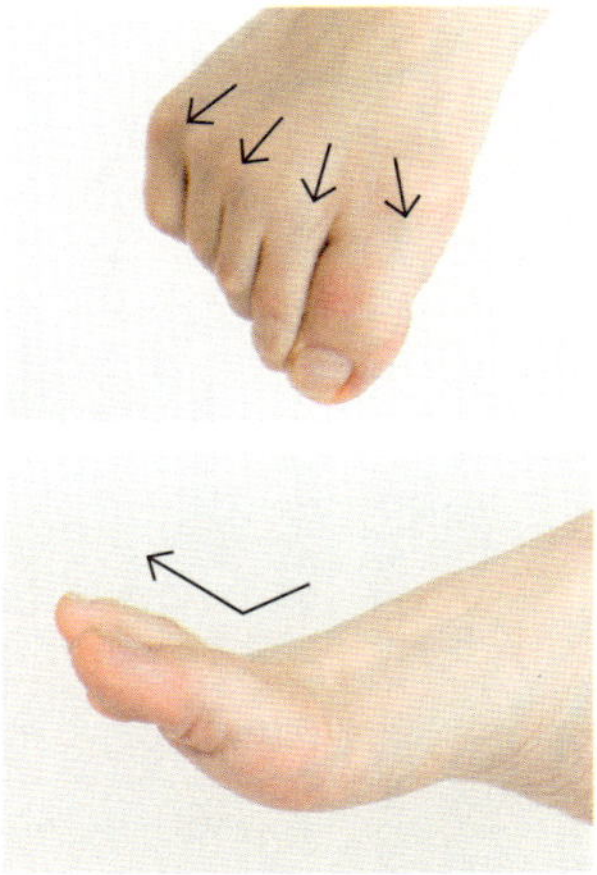

（上）本来は足指にも「拳の関節」があります。（下）立ち方、歩き方の間違いで足指の付け根の関節が変形。拳を作る方向に曲げられません。

け根を反らしたままで過ごしてください」そう言われたら、すごく不便だということは簡単に想像がつきますよね。その状態ではスマートフォンをいじったり、ドアを開けたりするにも一苦労ですし、もしも本当に一日続けたら、手首や肘を痛めたり、肩こりになったりするでしょう。このように、本来の機能が妨げられるうえ、歪みや故障の原因にもなる。それを足は平気で毎日行っていて、しかも自分の体重をその歪んだ状態の足にかけているのです。指が反ったままでは土台の役割を成しませんから、体を支えることはできません。その上に位置する膝や股関節が歪み、疲労するのは当然ということがわかっていただけるでしょうか。

一方で、〝機能美の最高峰〟であるバレエダンサーは、足裏の筋肉をギュッと縮め、つま先をいつもピーンと伸ばしています。つまり拳の関節にとっては、バレエダンサーのようにつま先を伸ばす方向ならいくら曲げても故障せず、それどころか曲げれば曲げるほど、足首や脚全体は美しく整っていきます。けれど逆方向に曲げ続けていると、いつか必ず膝や股関節が歪み、故障してしまいます。

これは足指に限ったことではなく、体の中にあるあらゆる関節は「過度に動かして良い方向」と、「過度に動かしてはいけない方向」というものが存在していて、このルールを覚えていくと、自分の体をどのように動かせば機能的になり、美しくなれるのかということがだんだんとわかっていきます。

では、バレエダンサーのように、足指の拳の関節を理に適った方向へ曲げられるようにし、本来の機能を取り戻していくにはどうすればいいのか？　そのためにボディチェック、ゴルフボール フットケアとあわせて、毎日行っていただきたいのが「指曲げストレッチ」です。

いくつか押さえていただきたいポイントはあるものの、これもやり方は簡単。歪みの度合いによっては最初なかなか拳の方向に関節を曲げられず、痛みを感じて心配になるかもしれません。でも、それはまさに足が歪んで機能していない証拠。痛みを感じないのが正しい状態で、ストレッチすることで徐々に可動域が増えていきます。ですから、「ちょっとやり過ぎかな？」というくらいでも大丈夫。安心して取り組んでいってください。

ふだん膝の関節に痛みのある方は、かなりの割合で拳の関節が変形し、固くなっています。この「指曲げストレッチ」を行っていくと、膝の痛みが緩和される可能性が高いので、膝の痛みを感じている方には特におすすめです。

それから、末端の関節は中心部の主要な関節に大きく影響していて、足の拳の関節は股関節の柔軟性と密接。この拳の関節が固いままだと、美脚になりにくいのはもちろんのこと、いくら開脚ストレッチをしても１８０度開脚は叶いません（ただし、開脚を指導する先生にこのような知識を教える方が少ないのが現状です）。目的に応じて最適なアプローチをして、確実に、そして効率よく変えていくには体の構造を理解することが不可欠なのです。

"Install Rules!"

指曲げストレッチ

片足30秒
以上
何回でも

足の中で最も大切な、指の関節のストレッチです。
本来の可動域を取り戻して、体を支え、立ち、歩く時に
足の筋肉をしっかり働かせられる状態に整えていきましょう。

真っ直ぐに立ち、片足ずつ足指の拳の関節をしっかり曲げる

骨盤に対して膝が内に向いた状態で行うと、股関節に悪影響があるため、必ず骨盤よりも膝を外に向けたポジションで行いましょう。かかとは真っ直ぐのまま前に押し出すようにして、足の甲もしっかりストレッチ。歪みがひどく、関節を曲げづらい人は左の写真のように足の位置を体の後方にずらして行うようにしてください。

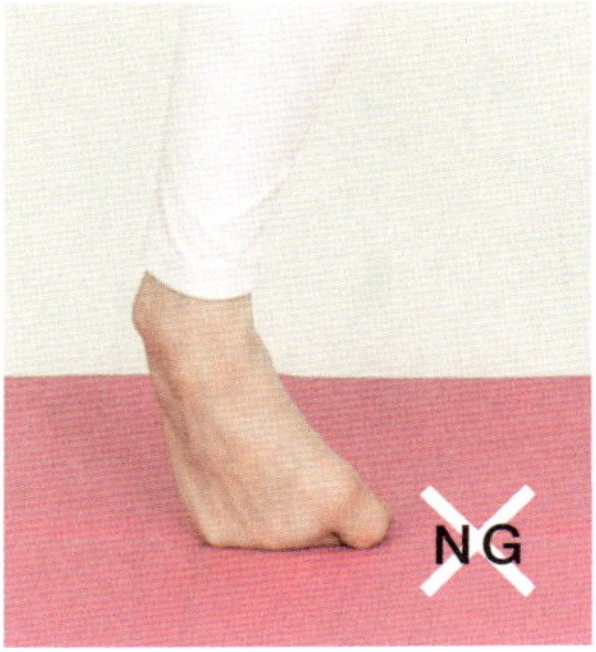

かかとが捻挫の格好に
なっている

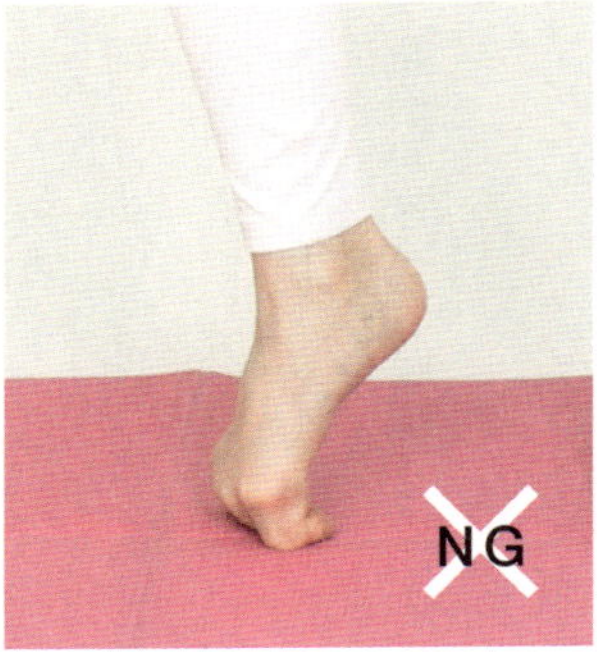

足の甲が
伸びていない

＼ point ／

関節を地面に押しつけるため、肌を傷めないようタオルやクッションなど柔らかいものの上で行いましょう。

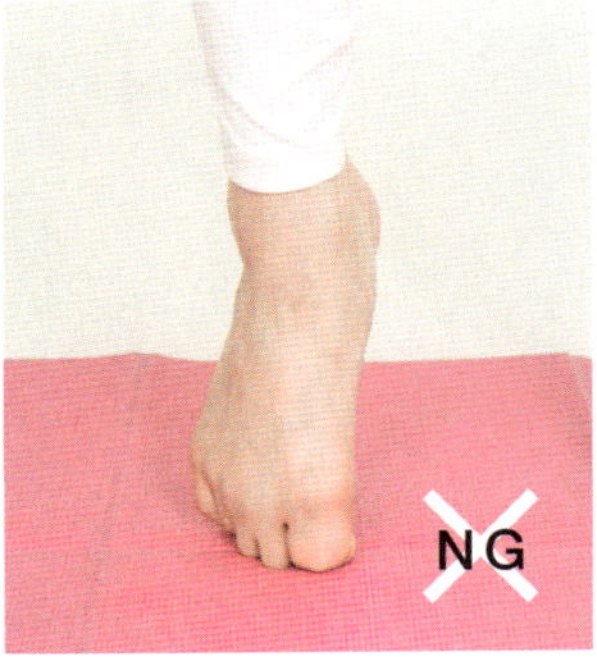

拳じゃない関節を
曲げてしまっている

デスクワークや読書中にもイスに座ってストレッチ。
足を膝の真下に、甲も伸ばしながら行いましょう。

「指曲げストレッチ」を行ったら、一度前屈チェックをしてみましょう。最初にボディチェックした時よりも前屈がしやすく、腿の裏側の張り感が緩和されているのを感じると思います。足以外のケアは一切行っていないのに、下半身全体の柔軟性が増すのは不思議に思えますよね。足の歪みや疲労が取れるとそれだけ体は整い、循環し始めるということです。

行う目安は片足30秒、毎日最低一回としていますが、もちろん何度行ってもＯＫです。理に適った方向に骨を動かしていますので、やればやるほど変化のスピードが速まります。デスクワークで靴を脱げる環境の方は、イスに座りながらこのストレッチを行うのもおすすめ。その場合はかかる体重が少なくなりますから、一度に3分くらいを目安にしてみてください。

【美脚のルール④　1日目】

理に適った正しい立ち方

「ゴルフボール　フットケア」と「指曲げストレッチ」で劇的によくなった体の状態をキープするには、ふだんの立ち方と歩き方を変えていかなければいけません。そこで、次にインストールするべきは正しい立ち方の厳密なルールです。

「立ち方」というと姿勢のことや、その姿勢が真っ直ぐかどうかということをイメージする人が多いのではないかと思います。でも、本来**「立つ」という動作の主役は、体の一番下に位置する足**。足の役割は体を支えることで、足裏の筋肉をきちんと使ってそれができている状態が「正しく立てている」ということなのです。

実際はほとんどの人がそのことに気づかず、足裏の筋肉が衰え、骨格が歪んでいます。ですから正しく立とうとしても、最初は思うようにコントロールできないはずです。それは仕方のないことで、でもここを変えない限り美脚を叶えることはできませんから、できるだけ正確にやろうとしてもらえればＯＫです。ケアとの相乗効果で歪みや変形はだんだん緩和していきますし、その間も足裏の筋肉を鍛えることは十分可能。では、さっそくマスターしていきましょう。

"Install Rules!"

理に適った正しい立ち方

しっかりと体を支え、美脚を叶える足は指使いがキモ。コントロールできる範囲を増やしながら、正しい立ち方を感覚で理解していきましょう。

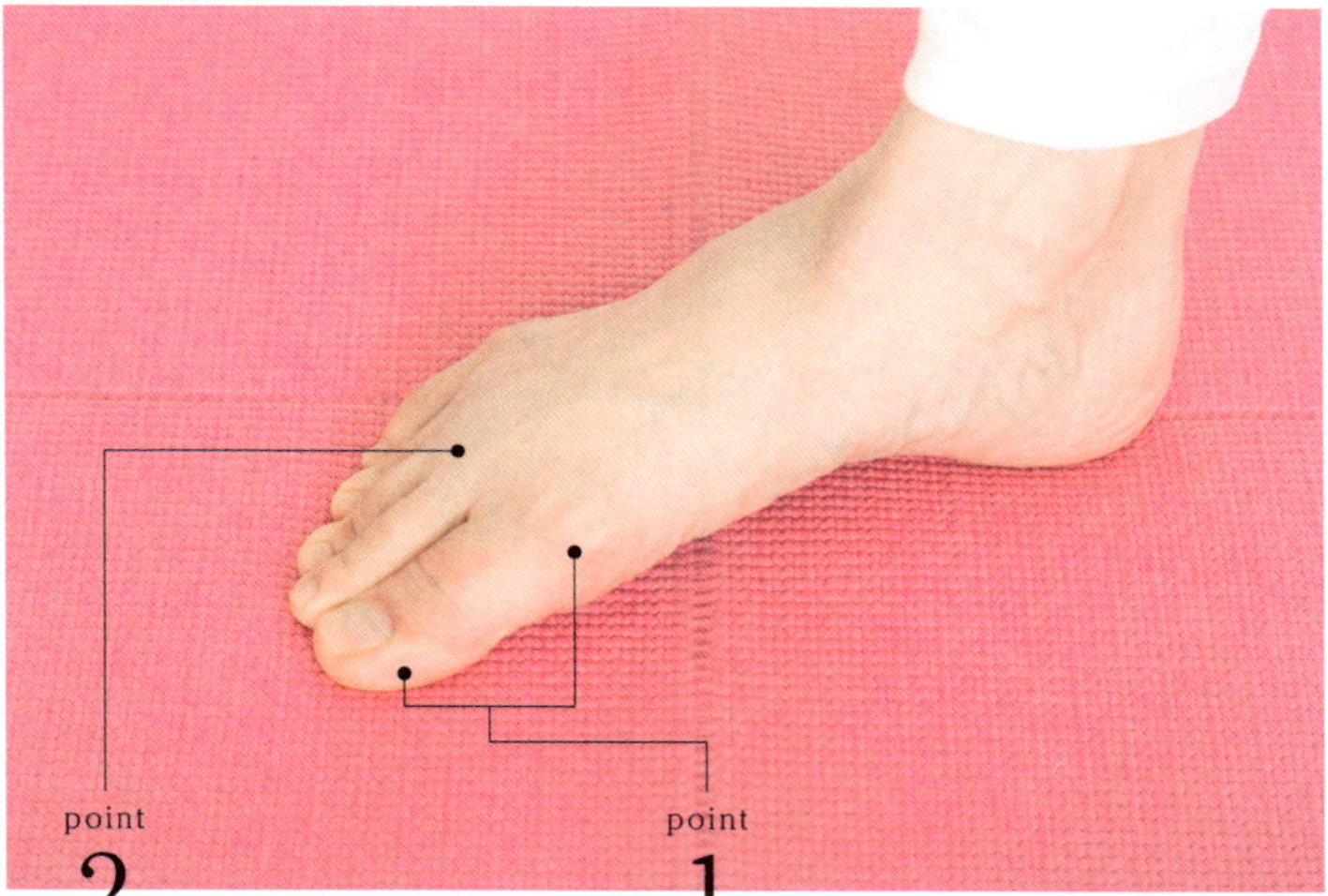

point
2

他の指はできるだけ伸ばしつつ腹で踏ん張る

正しく指の腹で踏ん張ると、指の第一関節にしわができます。このしわが伸びる方向、指を丸めたような状態になるのは間違いなので、注意して下さい。

point
1

親指の先端を地面につけ、母趾球は地面から浮かせる

スポーツ界や医学界でも、「母趾球に体重をかけろ」と指導する先生が多いのですが、私は逆だと考えています。親指の先端を地面につけた状態で、母趾球を浮かせるポジションで踏ん張ることによって、土踏まずのアーチがとても頑丈になるからです。親指の「腹」ではなく「先端」というところがポイントです。

親指と母趾球

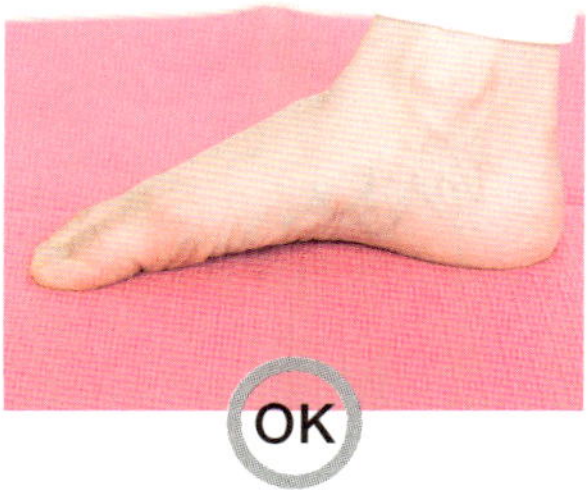

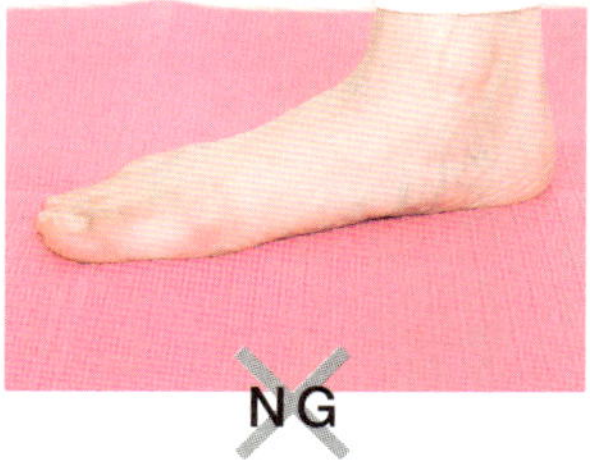

親指以外の４指

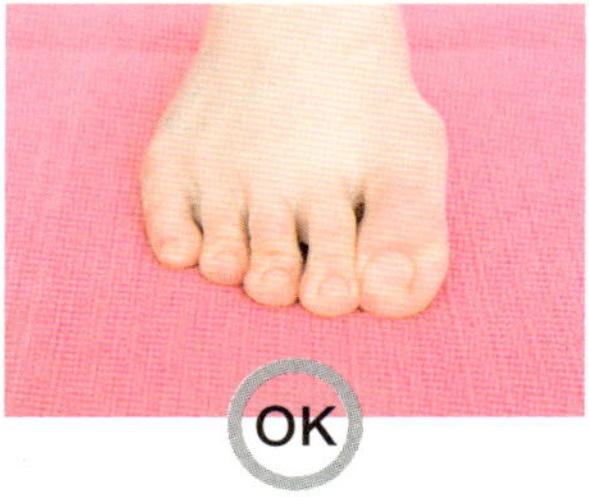

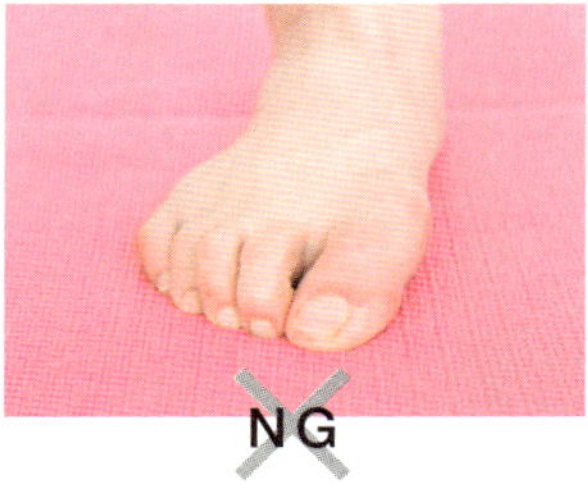

うまくできないときは……

足の骨格が変形している人は「親指の先端を地面につけながら、他の指は踏ん張る」という動作をうまくできない人が多いです。親指の先端をつけるとほかの指が丸まってしまったり、ほかの指を踏ん張ると親指の先端が床から離れ、親指の腹で立ってしまったり。全部の指を同時にコントロールするのが難しい場合でも、なるべくどちらのポイントもクリアできるポジションを探すようにしてみてください。

【美脚のルール⑤ 2日目】

理に適った正しい歩き方

正しい立ち方を理解したら、次は正しい歩き方です。これを**身につけると、この先の人生の半分くらいの時間を美脚に有効利用できる**ようになるという、ひと際重要なルールになります。脚を歪ませない秘訣でもありますから、心してマスターしてくださいね。

まずは下半身の動きについて理解していきましょう。パーソナルレッスンやセミナーで「足踏みをしてください」というと、ほぼ全員が足首を90度に曲げた状態で膝を上げ、足踏みをします。実は、ここが理に適った動きから逸れるターニングポイントです。

理に適った歩き方の最も重要なルール、それは**親指の先端を最後まで地面から離さない**ということ。このルールの通りに歩くと足裏の筋肉はしっかりと縮まり、足の甲はしっかり伸ばしきった状態になります。最初に働き出すのは足裏の筋肉で、膝を上げる時に使う前腿の筋肉（大腿四頭筋）はサポート役です。

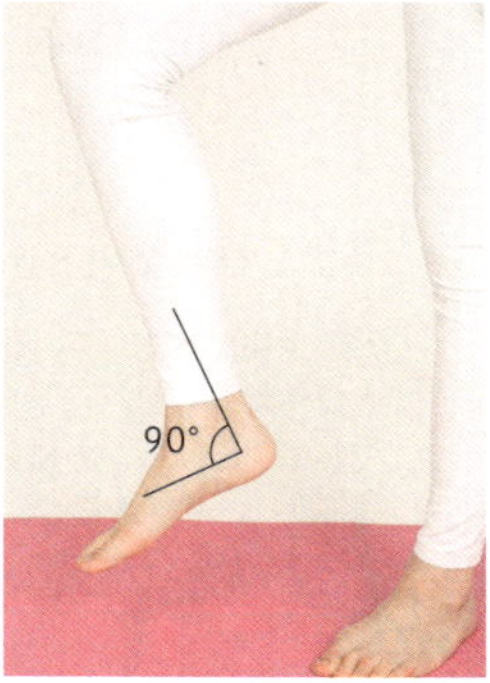

足首が90度に曲がった
理に適っていない動き

一方で、足裏全体がほぼ同時に地面から離れ、足首を90度に曲げたまま膝を上げるという動きは足裏の筋肉を一切使いません。すると、本来は補助的に使うはずの前腿の筋肉が必要以上に働いてしまい、太ももががっちりと太くなります。さらに股関節の可動域に制限がかかり、この動作が習慣になると股関節は徐々に固くなってしまいます。

試しにその場に立ち、股関節から膝を上げる動作をしてみてください。足首を90度に曲げた場合は股関節の付け根に突っかかりを感じ、つま先から甲をしっかり伸ばした場合はその突っかかりが緩和されるのが感じられると思います。足首の動きが股関節に大きく影響しているということです。

それから、ダイエットや健康のためにウォーキングをしている人たちの中に、大股でかかとから力強く着地する歩き方をしている人が少なからずいらっしゃいますが、残念ながら、その動きはすべて理に適っていません。大股で歩くと必ず骨盤と腰骨に前後の歪みが生じますから、小股歩き、それも拳一個分ずつ進んでいくのが理想です。

かかとからの着地も間違いで、厳密にいうと「つま先とかかとがほぼ同時に着地する」というのが理想。ただ、これは少し理解しづらいと思いますので、とにかく「体の後ろにある足の親指の先端を、最後まで地面から離さない」というルールを正確に行ってください。次第にかかと着地をしなくなり、地面からの衝撃をうまく分散できるようになっていきます。

"Install Rules!"

理に適った正しい歩き方

動きの正確性を高めるため、パントマイムのダンサーになった気持ちで
とにかくスローモーションで行ってください。
先に足踏みを行うと慣れるスピードが早まり、おすすめです。

つま先は
真っ直ぐ前

start

右足を一歩前へ
出した状態から
スタート

足裏の筋肉を
しっかり縮めて！

process 1

「親指の先端が最後まで
地面から離れない」というルールで、
左足のかかとを
甲が伸びきるところまで上げる

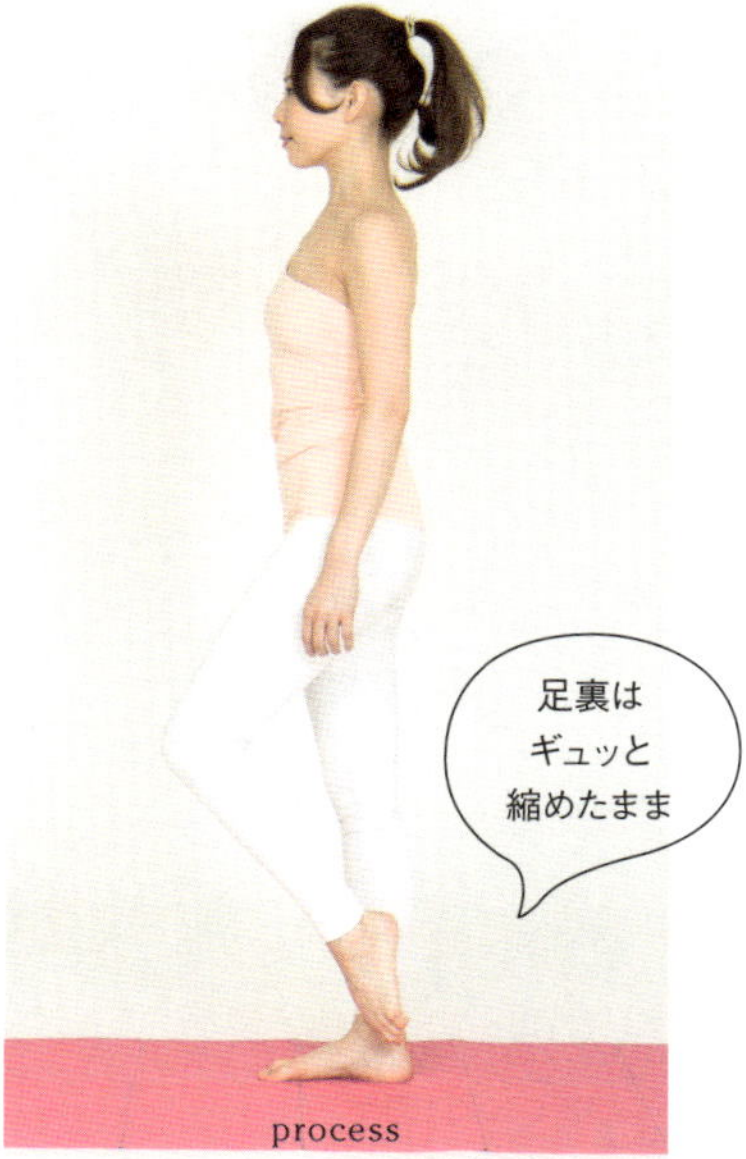

process
2

足の甲が伸びきり、
足裏の筋肉が縮んだ状態を
キープしながら膝を上げる

process
3

重心は右脚のまま、
左脚を前に運ぶ。この時
左膝を伸ばしきる

process
4

親指の先端から
地面に下ろす

process
5

かかとを着地する

よく陥りやすい間違いが、せっかく足の甲を伸ばしきったのに、足を前に運んでくる時に足首が無意識に緩んでしまい、理に適った動きが途切れてしまうケース。足を運ぶ時は、その間ずっと甲を緩ませない、という意識を強くもってください。

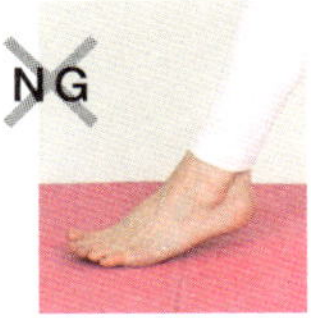

足を着地させる時、足裏の筋肉が緩んで指の付け根を反ってしまうのも、やりがちな間違い。足裏の筋肉を縮めたままキープすれば、最初に着地するのは自ずと親指の先端になります。こういったクセは無意識に表れるものですが、意識しないと改善できません。自分が本当に足を正確に動かすことができているか、注意深く意識し、気づいていくことが大切です。

process

6

自然と体重移動が始まり、右足で1～5の動きを行っていく

【美脚のルール⑥ 3日目】

上半身の体重は上半身で支える Step 1

続いては上半身の使い方です。美脚になるのと上半身の使い方にどんな関係があるのか、不思議に思われるかもしれませんね。でも、実は下半身太りの大きな原因は上半身の間違った使い方にあります。ここを正さないと下半身太りは解消できなくて、逆にここを正せば勝手に美脚になっていく。そのカラクリは「骨盤と肋骨の位置関係」に隠されています。

本来上半身は腹筋と背筋で支える構造になっていて、とくに腹筋は深部のインナーマッスルを働かせる必要があります。それができていないのが、下半身太りになる人。上半身の体重を下半身に預けてしまい、その過度な負荷を支えようと、太ももやふくらはぎが太くたくましくなる。これが重力にうまく逆らえず、下半身太りになるしかない体の使い方です。

これには老化を加速させるという側面もあります。高齢の方の、背中の丸まった姿を想像してみてください。上半身を腹筋と背筋で支えられず、骨盤と肋骨が非常に近づいた位置関係に

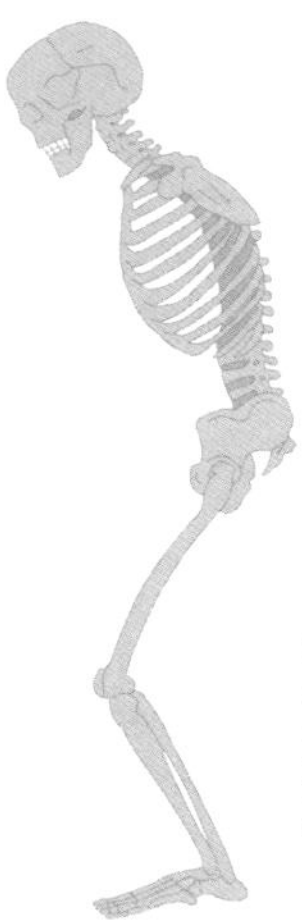

高齢の方に見られる姿勢。上半身の体重を上半身の筋肉で支えられないため、下半身に過度な負荷がかかります。

あります。骨が歪んで変形し、老化が進んだ状態です。肋骨が下がることによって内臓が下垂し、腸が押しつぶされて慢性の便秘になっている人も多いはずです。

それに対して、バレエダンサーの上半身は**骨盤と肋骨が最も離れた位置関係**にあります。これは上半身の体重を、腹筋と背筋でしっかり支えられている状態です。おなかの中の空間も十分キープされますから、内臓が押しつぶされることなく、本来の栄養の消化吸収・排泄機能を発揮。体は満たされ、おなかはいつもすっきりしています。これが美脚になれる上半身の使い方で、疲れにくく、老化しにくいボディになるメカニズムです。

では、どうすれば上半身の体重を上半身の筋肉で支えられるようになるのでしょうか？　それにはピラティスの呼吸法を学ぶのが近道です。この呼吸を丁寧に練習していくことで、まずは下腹部のインナーマッスル（丹田ともいう場所）がわかり、使えるようになっていきます。そうすると骨盤がずれなくなり、骨盤が整うことで便秘の解消や生理痛の軽減、私のように食べ過ぎがなくなるといった変化も期待できます。もちろん個人差がありますから、とくに効果を感じられない方もいるでしょう。でも、下腹部のインナーマッスルの理解が深まるほど下半身への負荷が減っていくのは確実。一生モノの美脚を叶えるには必須のプロセスです。

ピラティスの呼吸法は一度に意識するポイントが多いので、２つのステップに分けて学んでいきましょう。

"Install Rules!"

ピラティスの呼吸法 Step 1

（ラテラル胸式呼吸）

1日
3回以上

肋骨を大きく収縮させながら鼻で吸って口で吐き、
横隔膜とともにインナーマッスルをしっかり働かせる呼吸法です。
筋肉と骨の動きへの意識を高め、集中して行いましょう。

＼ この筋肉は 働かせません ／

腹直筋
［ふくちょくきん］

↓

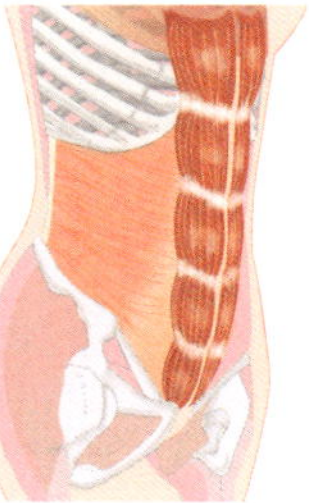

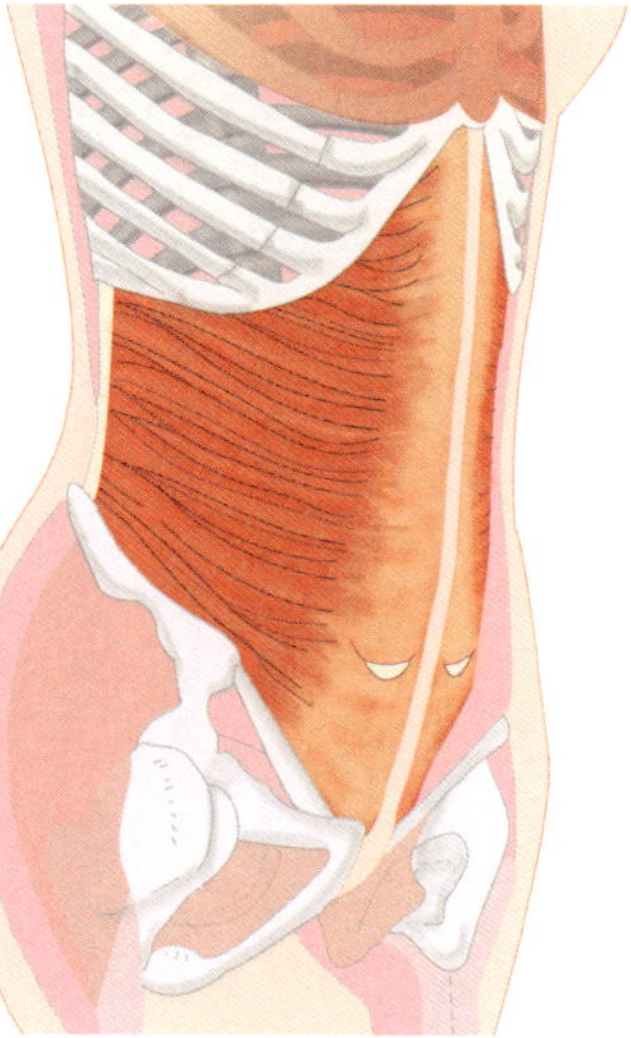

働かせる筋肉はこれ！

腹横筋
［ふくおうきん］

腹筋は4種類あって、最も深部にあるのがこの筋肉です。コルセットのように胴をぐるりと取り巻き、おなかを凹ませるとき、着物の帯が締まっていくように働きます。ちなみに俗にいう「割れる腹筋」は腹直筋（ふくちょくきん）といい、腹筋の中でも一番外側、アウターマッスルに当たります。縦に長く、上下に伸縮する腹直筋を働かせると、骨盤と肋骨を近づけようとしてしまいますから、このエクササイズでは無用。インナーマッスルである腹横筋をしっかり働かせ、骨盤と肋骨の位置を引き離していきます。

process 1

鼻から4秒かけて息を吸い、背中の下の方に空気を入れる

背中の肩甲骨の下あたりを膨らませるようなイメージです。

胸やおなかには空気を入れません

process 2

口から6秒かけて息を吐き、腹横筋で腹部を両脇から締めるように凹ませていく

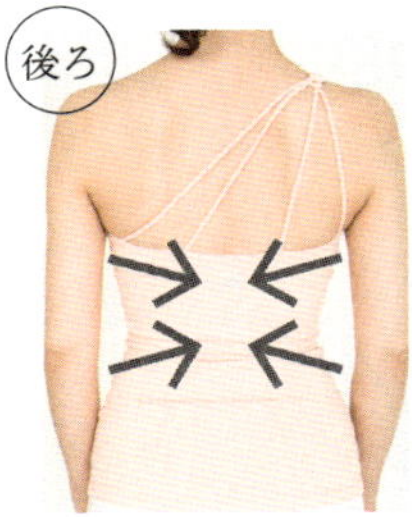

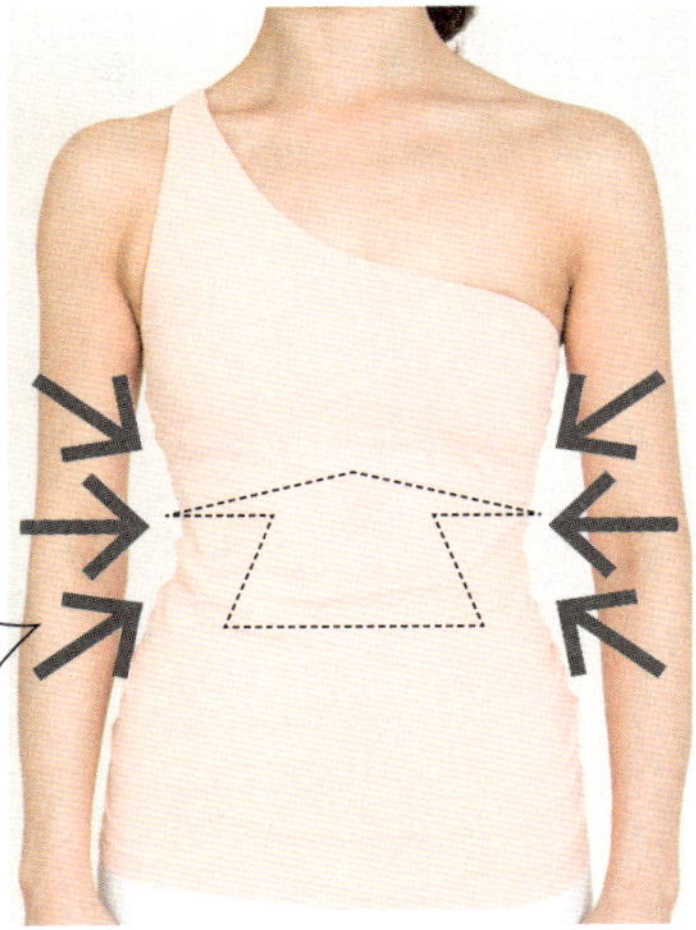

同時に肋骨も絞めてコンパクトに

【続・美脚のルール⑥ 4日目】

上半身の体重は上半身で支える Step 2

Step 1で腹横筋を目覚めさせたので、次は背筋を目覚めさせていきましょう。呼吸法の基本は同じで、吐く時に腹横筋でおなかを凹ませていくのと同時に、**背骨を真っ直ぐ上に引き伸ばす意識を追加**します。これを**「中軸の伸長」**といい、体を歪ませず、自然に脚を引き締めていくことができ、さらにふだんの生活で歩く時、足の使い方とこの中軸の伸長を意識するだけで、一日に使う筋肉量が一気に増えるという優れものです。

中軸の伸長で働き出すのは、背骨の両脇で姿勢を支える脊柱起立筋。腹横筋に加え、脊柱起立筋をしっかり働かせられるようになると上半身の体重が引き上げられ、下半身の負荷がぐっと減ります。これが本来のバランスで、重力に対して体がうまく逆らえている状態です。この状態で日常を過ごせば、どんなに動いても疲れることなく、下半身太りというアンバランスなボディラインになることもありません。むしろウエストはくびれ、太ももは余分なぜい肉が落ちてすっきりし、女性らしいメリハリボディになっていきます。

そんな中軸の伸長をマスターして、美脚への道のりをスピードアップさせましょう！

"Install Rules!"

1日
3回以上

ピラティスの呼吸法 Step 2

Step1の呼吸に、背中の筋肉への意識をプラスしていきます。
一度に意識する部分が増えると大変なように思えますが、
慣れると自然にできるようになるので、焦らず取り組んでくださいね。

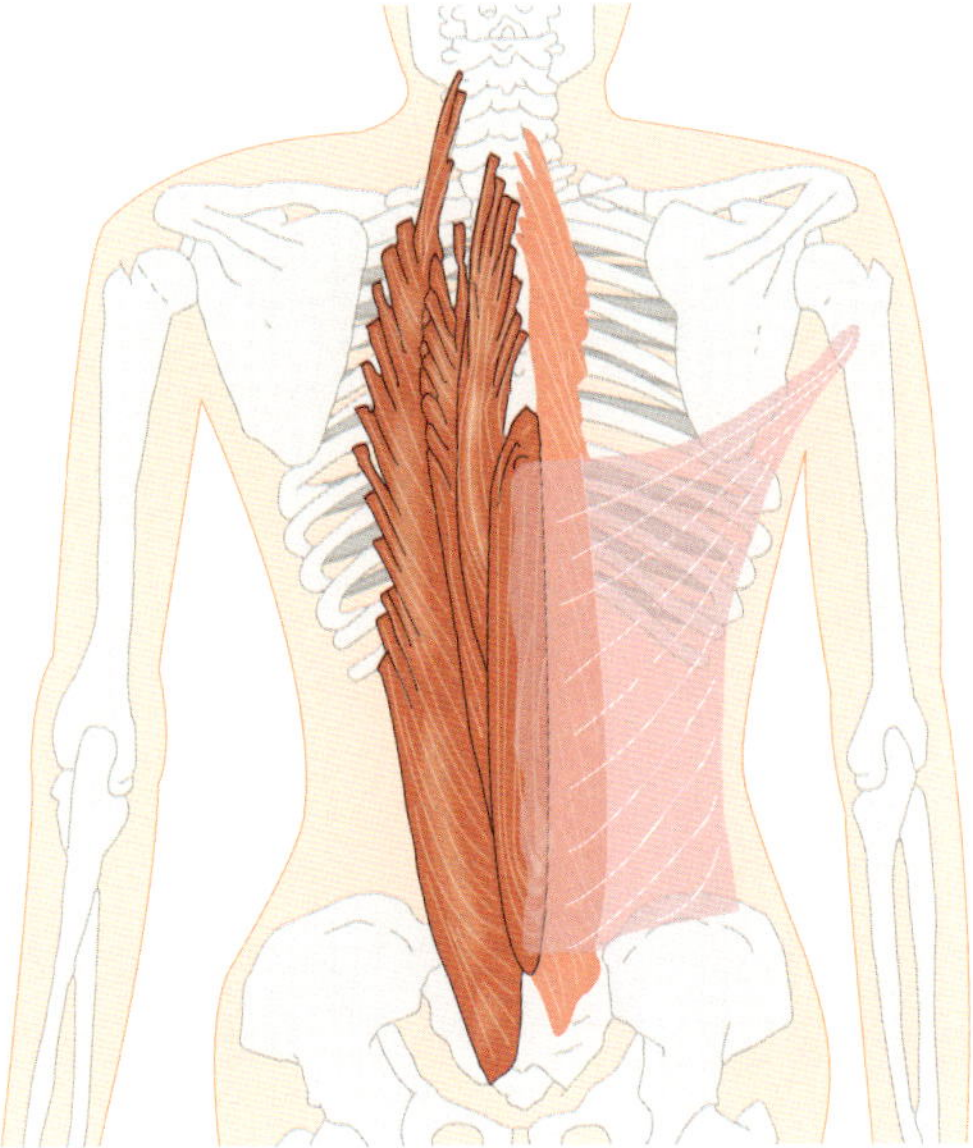

働かせる筋肉はこれ！

脊柱起立筋

［せきちゅうきりつきん］

その名の通り背骨を起立させ、姿勢を保つ筋肉で、背骨を両サイドから支えています。脊柱起立筋は姿勢を保つ＝働いている状態なので、この筋肉を使って上体を支えられれば、それがそのまま筋トレになります。でも、実際は脊柱起立筋をきちんと使わないで生活している人が多く、そういう人たちの背中は背骨が筋肉に覆われておらず、むき出しになっています。支えが少ないわけですから、体が疲れやすくなるのも当然。しっかり意識して働かせ、疲れず美脚になれる呼吸法をマスターしましょう。

process

1

鼻から４秒かけて息を吸い、
背中の下の方に
空気を入れる

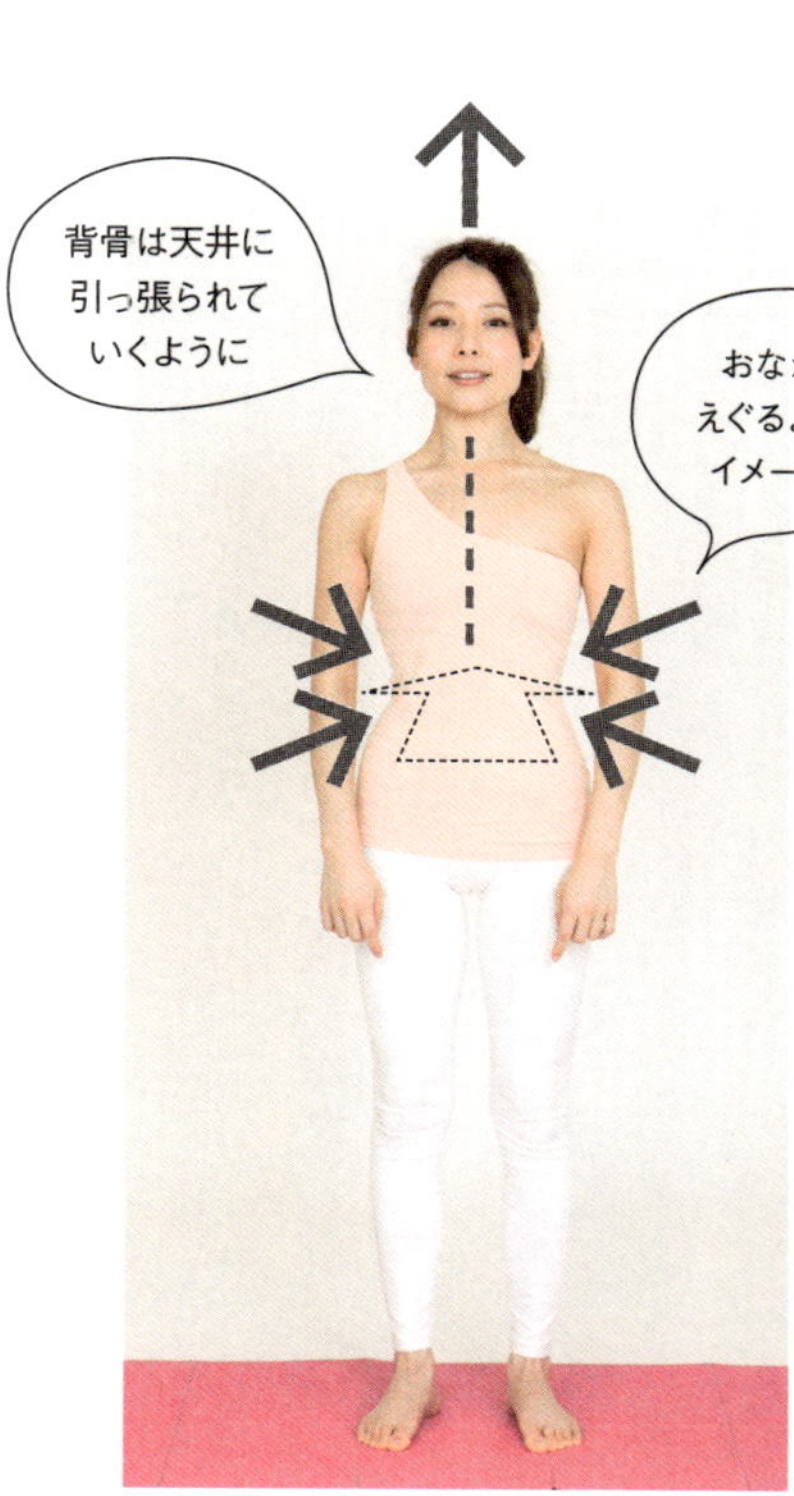

process

2

口から6秒かけて息を吐き、
腹部を腹横筋で帯が締まるように
凹ませながら引き上げ、
同時に背骨を引き上げる

［ 横から見ると…… ］

process
2

process
1

＼ point ／

正しい立ち方の意識が抜けないように気をつけましょう。

体の色んな場所を同時に意識し、連動させていくことで、今までの体の使い方のクセを改善していくことができます。

【美脚のルール⑦　5日目】

骨盤は〝ニュートラルポジション〟にキープする

上半身の体重を上半身の筋肉で支え、下半身への負荷を減らしたら、次はこの2つのつなぎ目である骨盤の使い方を学んでいきます。骨盤はどっしりしているようでいて、前後左右6方向への動きが可能という、実は不安定なパーツです。それゆえ非常に歪みやすく、歪み方のパターンもさまざま。そして、骨盤が**前後にも左右にも歪んでいない状態**を〝ニュートラルポジション〟といいます。歪みのない骨盤は周辺の筋肉が正常に働き、上下のバランスを常に安定させてくれます。美脚に加えてウエストのくびれやキュッと締まった美尻も叶えてくれるのですが、このニュートラルポジションの感覚がわからなくなっている人が、今とても多いのです。

理由としてはデスクワークが増え、骨盤に体重をかけ続ける生活を送っている人が多いこと、足の正しい立ち方がわかっていないため、自ずと骨盤も歪んでしまうことが挙げられます。骨盤が歪んでいると、背骨や肋骨、肩、首の正しい位置も感覚として理解しづらくなってしまいますから、骨盤のニュートラルポジションの理解は足の立ち方の次に大切。76ページの方法で、その感覚を取り戻していきましょう。

骨盤はこの6方向に動きます

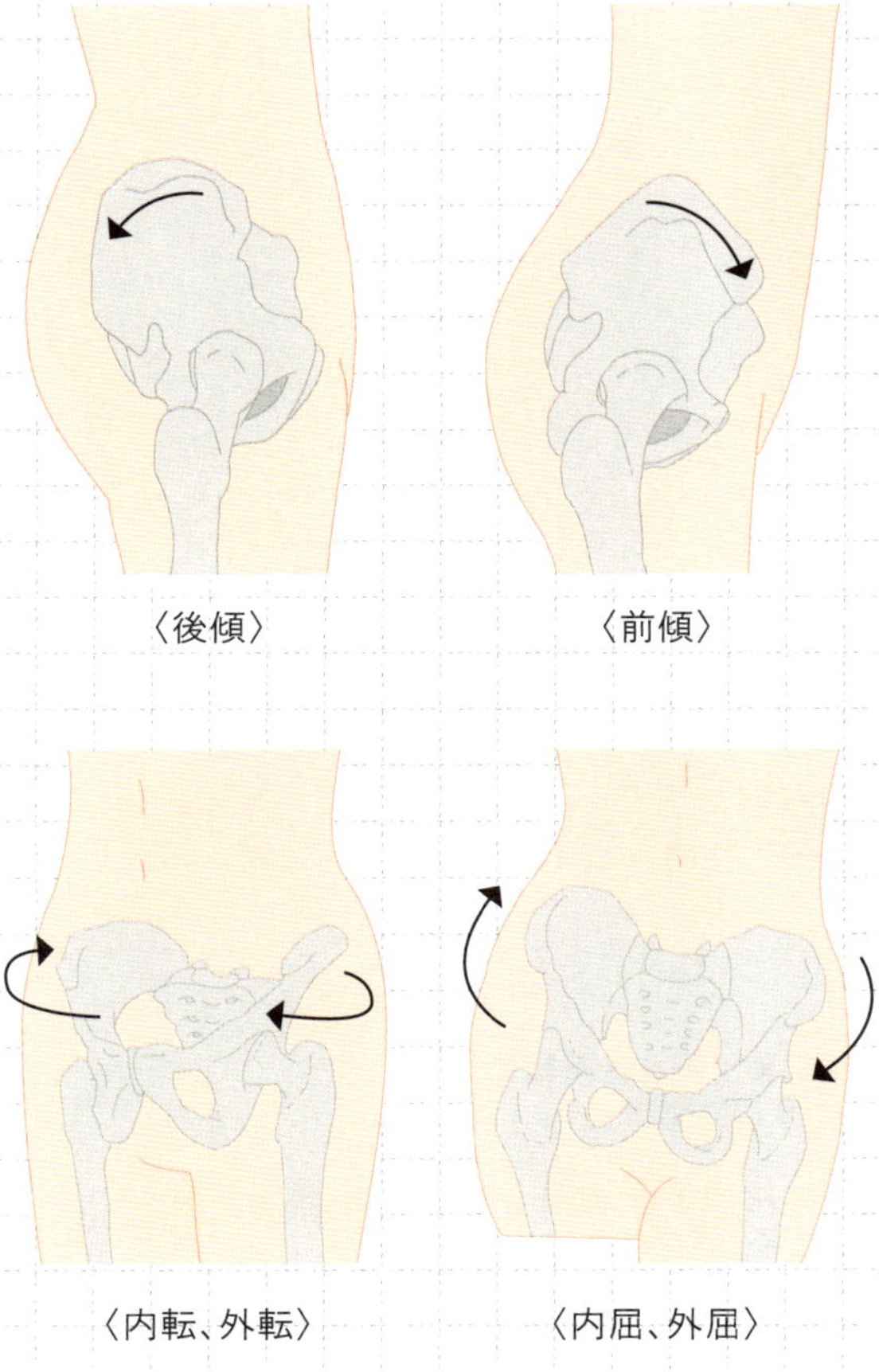

Rules!"

ポジション"の作り方

位置を、感覚で理解する練習です。
係や連動まで意識し、感覚をつかんでいきましょう。

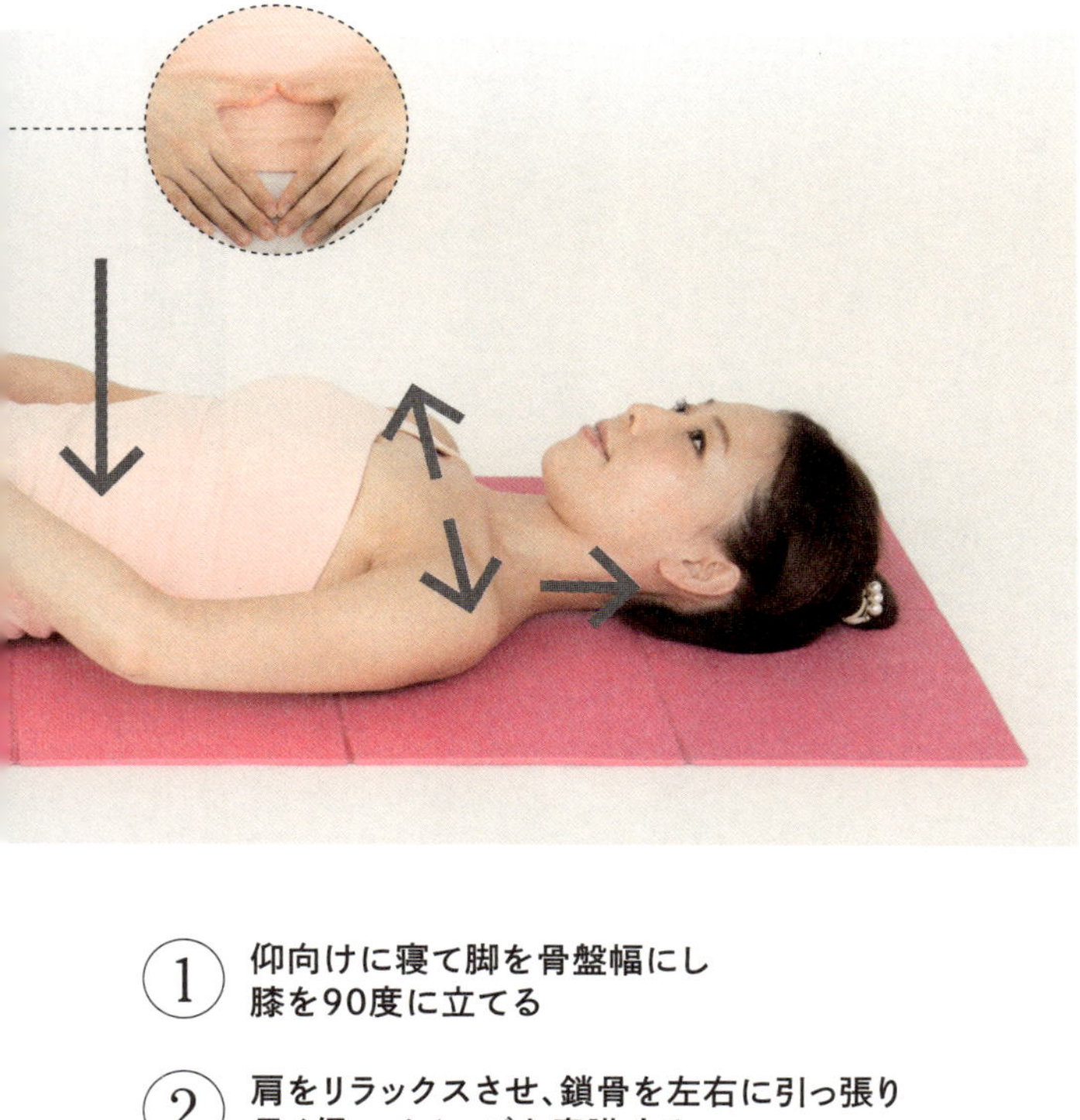

① 仰向けに寝て脚を骨盤幅にし
膝を90度に立てる

② 肩をリラックスさせ、鎖骨を左右に引っ張り
長く保つイメージを意識する

③ 肩と耳の距離を長く保つ。首はギプスをされている
イメージで、一切シワが入らないようにする

"Install

骨盤の〝ニュートラル

前後にも左右にも歪みのない骨盤の
それに加えて股関節、肋骨、背骨、肩、首との位置関

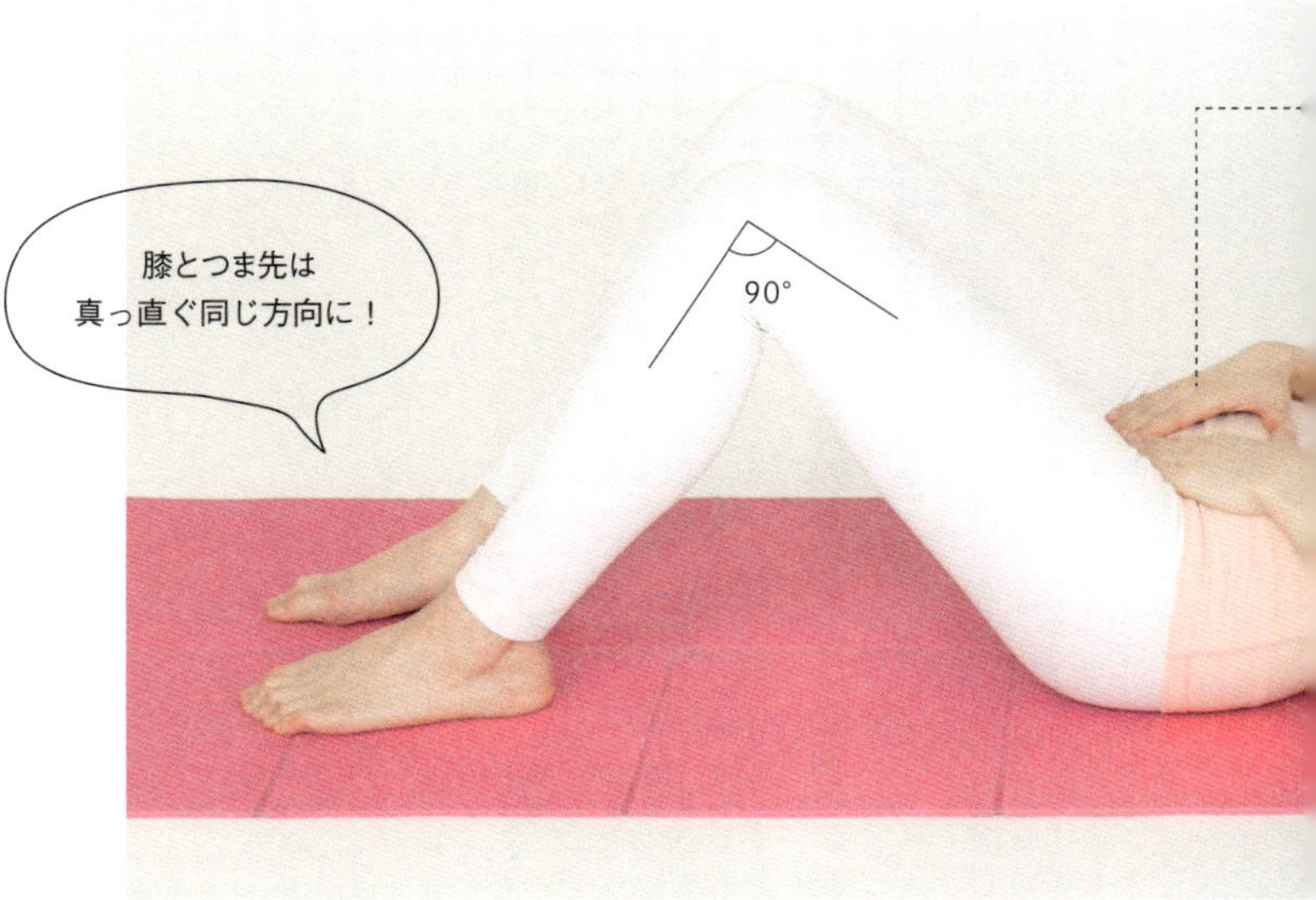

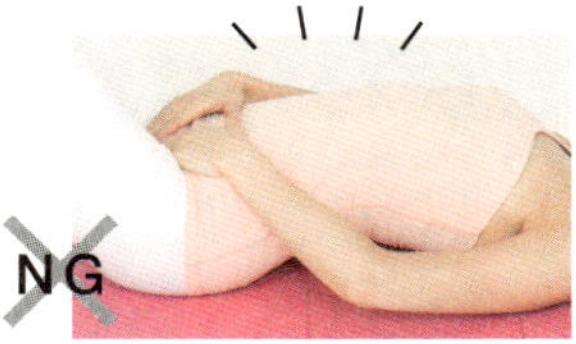

肋骨が前に開いて腰が反った状態にならないよう、しっかり床につけましょう

4 骨盤の上に手で三角形を作る

5 三角の面が天井と平行になるよう骨盤の角度を調整。この位置がニュートラルポジション！

【美脚のルール⑧ 6日目】

肋骨の位置は骨盤の真上

骨盤のニュートラルポジションはスムーズに理解できたでしょうか？ 解説通りにするのが意外と難しいと感じた人は、骨盤と肋骨の位置関係が崩れ、歪んでしまっていることが原因です。歪みのあるまま骨盤をニュートラルポジションにしようとすると、肋骨が前にせり出て腰が反ってしまったり、肋骨を正しい位置にしようとすると今度は骨盤が後傾してしまったり、両方を同時に収めるのが難しくなってしまうのです。

骨盤と肋骨の本来の正しい位置関係は、骨盤の真上に肋骨があって、2つが最大限に離れている状態。それには骨盤がニュートラルポジションにあるとともに、腹横筋と脊柱起立筋が適切に働いていなければなりません。**骨盤と肋骨の位置関係が崩れているということはふだんの生活で腹横筋と脊柱起立筋をきちんと使えていない**ということですから、「中軸の伸長」を応用することで2つの筋肉を活性し、連動性を高め歪みを軽減させていくことができます。ふだんから2つの位置関係を意識し、歪ませないようにするチェック法も紹介しますので、あわせて実践していってくださいね。

骨盤と肋骨の正しい位置関係を簡単にチェックする方法

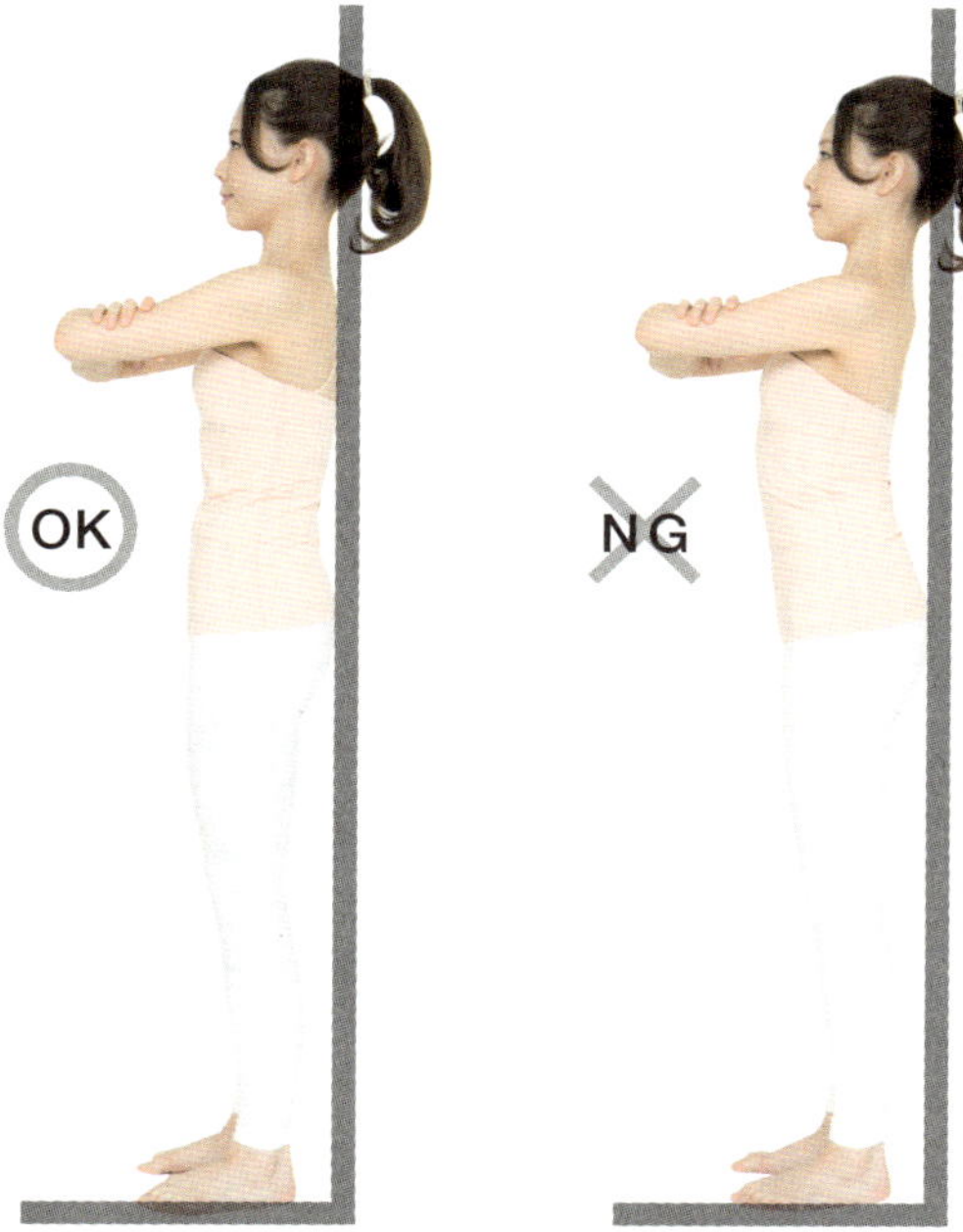

壁を背に、身長を測る時のようにかかとから頭までしっかりとつけて立ってみましょう。その状態で、腰に手がすっぽり入ってしまうくらい隙間のある人は、ふだん骨盤と肋骨の位置関係がずれているということになります。そうしたら、肋骨を壁にしっかりつけようとしてみてください。わずかに腹筋が働くのがわかるでしょうか？ その腹筋がふだんの生活で使われていないため、肋骨のポジションがずれてしまうのです。毎朝起きた時や外出する前などに、壁で骨盤と肋骨の位置関係を確認するようにして、肋骨が前に出ないようにするための腹筋に意識を向けてから一日の活動をスタートすると、とても良いと思います。

Rules!"

善していく意識の手順

時と同じ。そこに背筋を伸ばす中軸の伸長と
覚を体で理解することで、歪みが軽減されていきます。

① 鼻から4秒かけて
息を吸い、背中の
下の方に空気を入れる

② 口から6秒かけて
吐きながら、腹横筋で
おなかを凹ませていく

③ 同時に背骨が頭上へ
伸びていくように意識する
(中軸の伸長)

④ 背骨を伸ばしながら、
さらに肋骨を床につけて
いくよう意識する

"Install

骨盤と肋骨の歪みが改

姿勢は骨盤のニュートラルポジションを作る
肋骨を床につけていく意識を強め、連動している感

＼ point ／

●息を吐くほど肋骨が閉じ、コンパクトになっていくように意識する。ある程度息を吐ききった後、「フッ」とため息をするように吐くとわかりやすい
●骨盤のニュートラルポジションが後傾しないよう、まっすぐに保てる範囲で行う
●終始肩に力が入らないよう、何度も意識して力を抜く

【美脚のルール⑨ 7日目】

股関節と膝とつま先は常に外向き

この章で学んでいただく最後のルールは、股関節の使い方。これは一般人とバレエダンサーを比較した時、圧倒的に異なるところで、日常動作で意識すればするほど美脚になっていく魔法のようなルールでもあります。さっそく解説していきましょう。

股関節は骨盤と大腿骨（太ももの骨）を繋いでいる関節です。大腿骨は6方向に動くようにできていて、膝を外側に向けてねじる動きのことを「大腿骨の外旋（がいせん）」、膝を内側に向けてねじる動きのことを「大腿骨の内旋（ないせん）」といい、美脚に必要なのは外旋の動きです。ちなみにバレエダンサーの大腿骨は思いきり外旋していて、膝とつま先は常に同じ方向を向いています。なぜかというと、**人間の構造上、それが最も脚に歪みやねじれを生まず、また最も股関節の可動域が広がる**からです。スムーズによく動き、歪みやねじれのない股関節は周辺を通る血管やリンパの流れも妨げません。

それに対し、股関節の可動域が最も制限されるのが内旋です。股関節の骨の一部である腸骨の動きにロックがかかり、膝を上げる時に本来働くべき筋肉が働かないうえ、前腿の筋肉に大きな負担がかかります。その状態で、さらにつま先が外に向いているとねじれがより複雑になり、股関節の靭帯がゆるんで脱臼しやすくなってしまいます。動きが悪く、歪んでねじれた股関節まわりは当然血管やリンパの流れも滞りますから、体にとっては疲れやすく、太りやすくなる使い方といえます。下半身太りの人の股関節は、まさにこの状態。日本には「内股がかわいい」という風潮があって、そのためにこの非常に理に適っていない動作を多くの女性が無意識のうちにしてしまっているのです。

「じゃあ大腿骨を外旋させればいいんでしょ？」と思うところですが、内股に慣れきっている人は大腿骨を外旋させる筋肉である「外旋筋群」が衰えているため、これが意外と難しい。その衰えた外旋筋群を目覚めさせるのが、次に紹介するシンデレラ ビューティー メソッド式バレエエクササイズです。クラシックバレエの要素を用いて外旋筋群を働かせられるようにし、自力で脚の歪みを整えていくために一番効果的なエクササイズで、動きの正確性を優先するため、超スローで行いますので誰でも取り組むことができます。

いくらマッサージや運動をしても、〝美脚になるための筋肉〟をつけないと脚は思うように美しくなりません。歪みなく、滞りのない美脚をしっかり作っていきましょう。

"Install Rules!"

シンデレラ ビューティー メソッド式 バレエエクササイズ

1日
5〜10回

エクササイズは「一番プリエ」と「二番プリエ」の2つあり、
番号はバレエにおける脚の型を、「プリエ」は膝を曲げる動きを指します。
基本的にやり方は同じで、両方を行うのが効果的です。

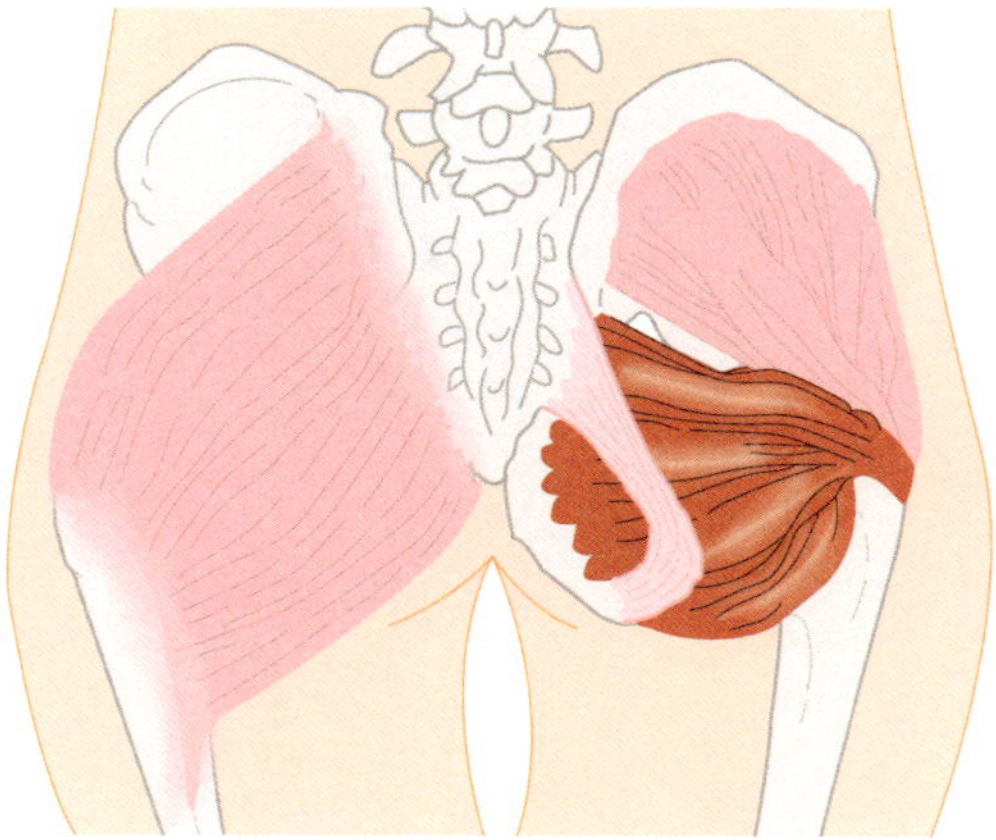

働かせる筋肉はこれ！

外旋筋群

［がいせんきんぐん］

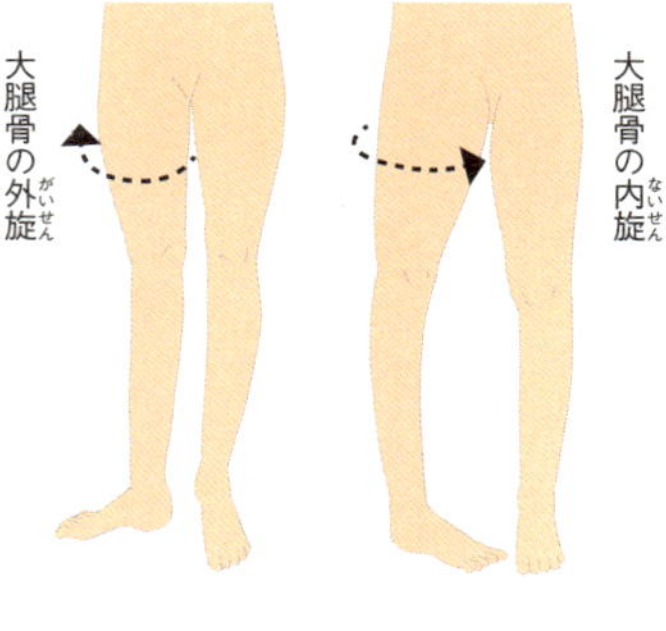

骨盤と大腿骨を結ぶ6種類の小さな筋群で、お尻のインナーマッスルです。骨盤を固定した状態で働かせると、大腿骨を外旋させる働きをします。この「外旋」の動きが加わることで、小さな筋肉たちが脚の歪みを改善し、さらにお尻と裏腿の境目をはっきりさせ、美尻・小尻にしてくれます。まさに"美脚のための筋肉"です。

意識と正確さが最重要！ エクササイズを始める準備

首：長く、
ギプスをしている
イメージで
肋骨が前に出てこない
肩：力を抜く
骨盤：
ニュートラルポジションのまま
終始一切動かさない
足：親指の先端を
地面につけて、
母趾球をなるべく
地面から浮かせ、
ほかの4本の指は踏ん張る

＼ point ／

● 呼吸に合わせてスローな動きで行いましょう。そうすることで、正確に骨を動かすことができ、必要なインナーマッスルが働きやすくなります。

● 最も大切なのは「足の親指よりも膝を必ず外に向ける」という意識。膝や股関節がねじれた状態が通常の感覚の人にとっては、「そんなに外にねじるの？」というくらい違和感を感じますが、そうしないと脚の歪みを改善できません。〝正確に自分の骨を操る〟という意識が大切です。

一番プリエ

まっすぐ立っている状態から、股関節の外旋を加えた型が一番ポジション。
一番プリエは、内腿の筋肉を使う感覚がわかりやすいのが特徴です。

肋骨が前に
開かないように
内腿で本を
挟んでいる
イメージで

process
1

自然なペースで鼻から息を吸い、
背中の下の方に空気を入れる。
口から吐きながら腹横筋でおなかを凹ませ、
脊柱起立筋で背骨を天井へ引き上げる。
足指の踏ん張りの意識も忘れずに

process
2

膝を外に捻ろうと意識しながら、軽く膝を曲げていく。
(※深く曲げすぎないこと。この時外旋筋群が働きます)
動きを止めて鼻から息を吸い、口から吐きながら腹横筋で
おなかを凹ませる。
足指を踏ん張り、ゆっくりと膝を最大に伸ばしきる

二番プリエ

一番ポジションから、大股に開いた状態が二番ポジション。二番プリエは、股関節がかなり固い方でも外旋筋群の感覚が分かりやすいのが特徴です。

process

1

肩幅がすっぽり収まるくらい足を広げ、自然なペースで
鼻から息を吸い、背中の下の方に空気を入れる。
口から吐きながら腹横筋でおなかを凹ませ、
脊柱起立筋で背骨を天井へ引き上げる。
足指の踏ん張りの意識も忘れずに

process

2

膝を外に捻ろうと意識しながら、軽く膝を曲げていく。
（※二番ポジションはつま先が膝より外に開きがちになるので要注意）
動きを止めて鼻から息を吸い、
口から吐きながら腹横筋でおなかを凹ませる。
足指を踏ん張り、ゆっくりと膝を最大に伸ばしきる

【あわせて行うと効果アップ・その①】

万能ストレッチ「カエルつぶれた」

ここからはエクササイズとあわせて行うことで、美脚を叶えるスピードが加速する2つのストレッチを紹介します。

まずはその名のごとく、カエルがつぶれたようなポーズで、うつ伏せに寝て行うストレッチです。このポーズをとると嫌でも大腿骨を外旋させることができるので、**股関節の歪みが改善されるとともに柔軟性が増し**、バレエエクササイズがより正しく行えるようになっていきます。血液やリンパの流れもよくなりますから、**脚のむくみとりにも効果的**です。

ただし、股関節の柔軟性は個人差が大きく、ふだんから内股で生活するクセが根付いている人、変形性股関節症の人などは、股関節の外旋可動域が少ないため、このポーズが取れない場合があります。その場合の対処法も紹介しますので、ご自分の可動域に合ったやり方で行うようにしてくださいね。

このポーズは赤ちゃんが大好きな動きでもあって、かつてみなさんも簡単にできていました。このストレッチで、本来の可動域をもった股関節に戻していきましょう。

"Plus Method"

1日
1〜3分

カエルつぶれた

日常生活の中では股関節を開く機会がなかなかありません。
このストレッチで、股関節を正しく動かす機会を
積極的に作っていきましょう。180度開脚を叶えるにも効果的です。

できる人は甲をのばし、
かかとを床につけるよう
意識してみて！

process 1 うつ伏せに寝る

process 2 両膝を外に向け脚でひし形を作る

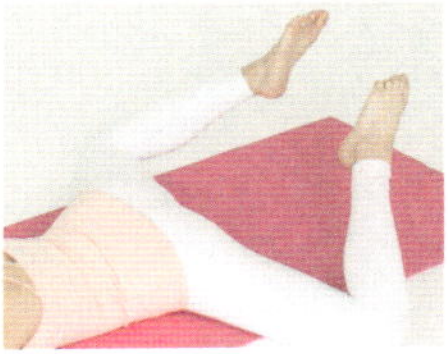

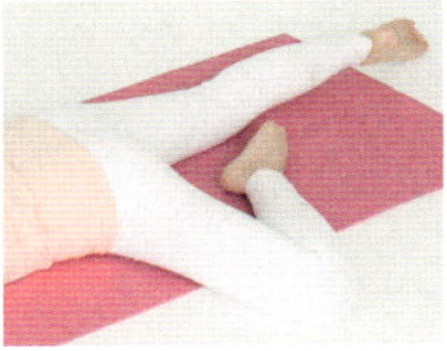

足が床につかなくても、片脚ずつでもOK

きつい時はクッションを股関節の下に敷いたりベッドの上で行いましょう

【あわせて行うと効果アップ・その②】

太ももがほっそりする「前腿ストレッチ」

2つ目は、下半身太りの中でもとくに悩みをもつ人の多い、前腿の太さを解消するのに役立つストレッチです。

これまで何度かお話ししてきたように、前腿が太くなる原因は過度な負荷によって発達した前腿の筋肉、「大腿四頭筋（だいたいしとうきん）」にあります。この筋肉は本来、すべての動きに対して補助をする役目であり、メインで使う筋肉ではありません。例えば、歩く時に膝を上げる動きは本来なら大腰筋（だいようきん）という、股関節を屈曲させる筋肉がメインで働くようになっています。けれども、骨盤に歪みがあるとこの大腰筋がうまく働かず、そうするとそのぶんのフォローも大腿四頭筋がすることになり、前腿が太くなっていきます。足裏の筋肉をきちんと使って歩けていないと、前腿への負担はさらに大きく、太さも増します。このように、無意識のうちに前腿の筋肉を過度に使ってしまい、またものすごく力が入ってしまう人が非常に多く、悩みの筆頭格となっているのです。

そうなる要因には、日常生活での間違った体の使い方（特に足裏と腹部の筋肉）のほか、長時間のデスクワークによって生じる骨盤の歪みなどが挙げられます。ですから前腿を細くするには、骨盤をニュートラルポジションにする（76〜77ページ）とともに、ふだん使い過ぎている前腿に頼らず、ほかの筋肉を目覚めさせ、前腿の負担を軽くしてあげる必要があります。その大きな後押しとなるのが、**使い過ぎ、力が入り過ぎて固くなった筋肉をゆるめる**「前腿ストレッチ」です。

前腿の筋肉に力が入り過ぎたままだと、日常動作はもちろん、バレエエクササイズを行う時も前腿ばかりを使ってしまいがちなのですが、このストレッチを入念に行うことで余計な力が入りにくくなっていきます。バレエエクササイズの効果を高めたい人は、エクササイズの前にこのストレッチを取り入れるようにしてみてください。

前腿が固くなっている人ほどやり始めはきついものの、毎日行えば数週間でやわらぎ、まったくストレッチ感を感じなくなる方もいるほどです。そうなったら、時々実践するだけでＯＫ。いくら使っても、太りたくても太れない。そんな脚を手に入れましょう！

"Plus Method"

前腿ストレッチ

片足
30秒〜1分
1日1、2セット

太ももが悩みのタネという人、バレエエクササイズの効果を
アップしたい人におすすめのストレッチです。
無理をせず、程よいストレッチ感で行うようにしましょう。

壁から
10〜20cm
離してもOK

process

1

壁際の床にクッションや
厚手のタオルを敷き、
片方の膝を壁の方へつける

骨盤・膝・
足の親指は
一直線に

process

2

もう片方の脚を立てる

ストレッチする筋肉はこれ！

大腿四頭筋

［だいたいしとうきん］

大腿直筋、中間広筋、外側広筋、内側広筋の4つの筋肉から成る筋群。膝を伸ばす時に働く筋肉ですが、大腿直筋は股関節を曲げる時に補助をします。骨盤が歪んでいたり、足裏の筋肉が発達していないと、歩く時、膝を上げる度に大腿直筋が必要以上に働いてしまいます。

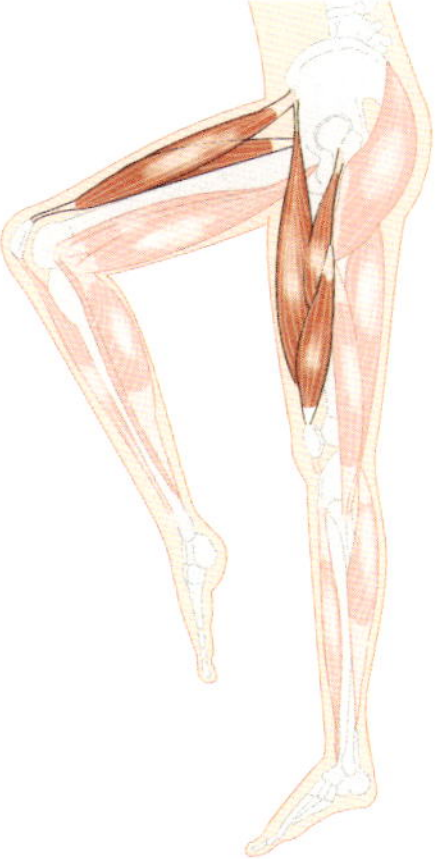

process

3

上体を起こし、壁にもたれる。
頭、肩、背骨と背面の肋骨が
壁についている状態が理想

骨盤・膝・つま先の向きに注意しよう

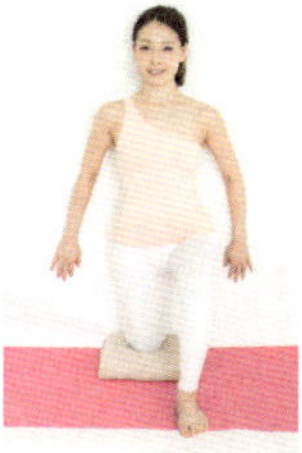

OK

NG

いかに自分の体に意識を向け、

動作をコントロールできるか。

美脚作りはその一点にかかっている

CINDERELLA BEAUTY METHOD

3

日常生活がエクササイズになる思考法

あなたの体型は日常動作で作られている

「美脚のルール」をひと通り学んで、立つ・歩くといったふだんの動作がいかにあなたの体を歪め、ボディラインに影響しているか、おわかりいただけたと思います。「体を作るのは運動やエクササイズ」という考えも間違いではないのですが、**一般的なエクササイズはあくまで日常生活で歪み、アンバランスになってしまった体を効率よく、スピーディーによい状態へと戻すための手段**です。そもそもの日常動作が正しいものであれば、体が歪むことはありません。日常生活こそが美脚作りの舞台であり、日常を理に適った動きで過ごせば、その時間をすべてエクササイズにすることができるのです。

そこに目を向けずに、月に数回フィットネスジムやヨガスタジオに通うだけで美脚を叶えようとするのは、とても非効率的です。でも、日常生活の動きの中で一度でも体を作ってしまえば、その状態から衰えることはそうそうありません。例えば私は今、いつでも難なく180度開脚ができますが、それをできるようになった20歳の頃から、180度の可動域をキープするため特に一生懸命〝開脚ストレッチ〟をしたことがありません。体に歪みがないので、筋肉を伸ばす必要がないからです。

180度開脚自体はもともとの骨格上、できる人とできない人がいます。この話で重要なのは可動域の広さではなくて、自分の体がもっているポテンシャルを最大限に高められ、その状態を苦しい努力なしにキープできるということ。それが「美脚のルール」を身につけ、「美脚思考」になることの何より素晴らしい賜物です。

2章のエクササイズで今ある歪みを直しつつ、この章でお伝えする理に適った日常動作で美しく振る舞い、特別な運動もエステもなしに〝一生モノ〟の美脚を実現しましょう。今日からは毎日のいつもの時間が美脚を叶え、美脚であり続けるためのエクササイズです。

無意識のクセに気づくことから始める

日常生活は無意識のクセの集合体です。だから日常生活を美脚エクササイズにするには、自分の動作にクセがあること、それがどんなクセなのかに気づくことが出発点になります。

無意識のクセというのは、本当に何気ない動きの中にあります。例えばあなたは今、どんな姿勢でこの本を読んでいますか？　その体勢にも、何かしらのクセが表れているはずです。テーブルに片肘をついて体重をかけていたり、膝が内股になっていたり、体に対して首だけ前に突き出していたり……。そのほかにも通勤電車でスマホをチェックしている時、カフェで友だちとおしゃべりに夢中になっている時、パソコンに向かって一心不乱にキーボードを叩いている時、駅やオフィスに向かって急いで歩いている時はどうでしょう。体がどうなっているか、どう動かしているかなんてほとんど意識していないと思います。子育てに追われるママともなれば、自分の体に構っている暇など皆無ですよね。そうやって意識せずに生活していれば、あらゆるシーンで歪みは生まれ、時間とともにひどくなる一方。そうして太りやすく、リバウンドしやすく、疲れやすい体を自ら作っていくことになるのです。

無意識のクセは自分では気づけないからクセになっているのであって、それを変えるのは難しく感じるかもしれません。でも、ふだん無意識に自分が行っていることや、頭の中で考えていることは、認識すると変化させられることをご存じでしょうか? これは体も同じで、**無意識に行っていた動作は、認識することで変化させられる**ようになります。だから、まずは「自分の動作にはクセがある」ことを認識してください。そのうえで「体に意識を向ける生活」をしてみてください。始めのうちはひとつの動作しか意識できなかったり、それどころか意識することと自体を忘れてしまうこともあると思いますが、徐々に意識できる範囲が増えていき、体の隅々まで自分の意志でコントロールできるようになっていきます。その感覚が刷り込まれると、今度は理に適っていない動きをしそうになると体が嫌がり、無意識に回避できるようになっていきます。今の私自身が、まさにその状態。もちろん、それにはある程度期間が必要ですが、始めれば必ずたどり着くことができるのです。

美脚を遠ざける日常の3大NG動作

では、ここから少しずつ無意識のクセに気づいていきましょう。今までたくさんの生徒さんを指導してきた中で、特によく指摘するものをご紹介します。「いいか悪いかなんて、今まで考えたこともない！」そんな目からウロコの話がたくさんあると思いますので、心して読んでくださいね。

【NG動作①　膝を内側に入れてしゃがむ】

下に落としたものを拾う、ローテーブルの前に座る、また立ち上がるなど、「床にしゃがむ」「そこから立ち上がる」という動作の時、おそらくほとんどの人が膝を内側に向けています。「おしとやかに見えるから」そんな理由でクセになっている人もいるでしょう。この動きは、**すればするほど股関節や膝に歪みを生んでしまう**ので、真っ先に直してほしいクセです。同様にソファやイスに座っている時も、膝を内側に向けている人が多数派。意識し始めると、思いのほかこの動きをしている時間が多いことに気づくはずです。

これを直すには、しゃがむ、立ち上がるなど、膝を屈伸する時は必ずつま先と膝を同じ方向に向けるように意識すること。もっと厳密にいうと、膝は必ず足の親指より外側に屈伸していく、というルールで行います。足は骨盤幅に開いて、つま先は体に対してまっすぐ前に向けるようにしてください。

「そんな簡単なことでいいの？」と思った人。やってみると、意外に難しく感じると思います。それほどふだん股関節を正しく使えていないということで、歪みを生んでいる人が非常に多いのです。だから始めは無理をせず、脚を骨盤幅にし、つま先と膝を正面に向けたポジションで屈伸ができるよう、クセづけていきましょう。ソファやイスに座る時も、つま先と膝は同じ方向を向けるというルールが鉄則です。

▼NG動作①の正しい方

膝を屈伸するときは、必ずつま先と膝を同じ方向に向ける。

足の親指より外側に向かって屈伸するのがベスト

【NG動作②　家の中をスリッパで歩く】

今や部屋の中ではルームシューズを履くのがスタンダードですが、ものによってはまったくおすすめできないシューズがあります。それは俗にいう「スリッパ」の形をしたもの。これを履くと、**脱げないようにと中で足指を反ってしまうため、理に適った歩き方が一切できなくなってしまう**からです。そして、その状態で歩けば歩くほど足は歪み、疲れやすく、むくみやすくなっていきます。シューズは原則として、足が地面から離れた時、かかとから靴が離れないものを選びましょう。そうしないと、シューズを履いて過ごす時間がすべて美脚を遠ざけることになってしまいます。

「それなら、家の中は裸足で歩けばいいんじゃない？」と思った人、あなたの家（部屋）がフローリングだとしたら答えはノー。靴下を履いて歩くのも決して良いとはいえません。では私自身はどうしているかというと、足にとって理に適った構造をしたサンダルを19歳の頃から履いています。ドイツのブランド「ビルケンシュトック」の「ギゼ」という鼻緒タイプのサンダルです。夏場は外出する時にも履いているし、冬はブーツにビルケンシュトックのインソールを入れて履いています。ビルケンシュトックの靴は、そのサイズの足にとって最低限必要なアーチがインソールに設計されていて、だからその上に立っていれば、それ以上アーチが崩れることはありません。サンダルでも、かかとと靴が離れないようになっているし、足指で鼻緒をキュッとつかむことで、足指の筋肉を働かせやすくなるという利点もあります。

20歳の時に実行した〝24時間ウォーキング〟で履いていたのも、ビルケンシュトックのサンダルです。通常はウォーキングシューズを履くところでしょうが、このサンダルは歩く時に足裏の筋肉が自然と働く構造をしているため、ウォーキングシューズより足に良いのです。もちろん、ウォーキングシューズが悪いということではありません。でもビルケンシュトックを履いてみれば、その違いをきっとわかってもらえるはずです。生徒さんたちにも「足を徹底して改善したければ、ビルケンシュトックの鼻緒タイプのサンダルを家の中で履き、外では靴にインソールを入れて履いてください」とおすすめしています。

ちなみに私はもともと扁平足で、体の研究をはじめる前は立ち方、歩き方が悪かったせいもあり、かかと

\ recommend /

日常生活で美脚を作るのにおすすめしている「ビルケンシュトック」の「ギゼ」。足が歪まず、足裏と足指の筋肉が自然に働く構造になっています。著者私物

の角質がひどく、常にカチカチのサボテン状態。ストッキングを履く度にそれがひっかかっていたものです。それが今や角質はまったくなくて、足裏全体がふかふかと柔らか。角質ケアをすることなく、いつでも見せられる素足になったのもうれしいおまけです。

足の歪みがひどい人は、毎日履きだすと最初は足のどこかに少し痛みを感じるかもしれません。その痛みは歪みがある証拠で、でも履き続けるうちになじみ、気にならなくなっていきます。ただし、あまりにも痛い場合は無理をせず、ビルケンシュトックの店舗でスタッフの方と相談しながら取り入れるようにしてくださいね。

▼NG動作②の正し方

シューズは原則として、足が地面から離れた時にかかとから離れないものを選ぶ

※P103〜105のビルケンシュトック製品に関する記述はすべて著者個人の体験に基づく意見です。

【NG動作③　肋骨を前にせり出す】

日常生活の中で、長時間座っていると歪み始めるのが骨盤と肋骨の位置関係です。特にNGなのが骨盤よりも肋骨が前にせり出している状態。カフェやレストランで友だちとのおしゃべりに夢中な時、デスクワークをしている時に、アンダーバストあたりがテーブルやデスクに近づいているのがサインです。これは腹横筋の意識がかなり抜けていて、骨盤をニュートラルポジションにキープできず、腰も反り過ぎになっています。この動作がクセになっていると**内臓全体が下垂**し、胃腸や子宮の機能に影響を及ぼしやすくなりますし、**腰痛の原因**にもなってしまいます。さらに股関節が詰まることで下肢への循環が滞り、**脚をむくみやすくする**など美脚への悪影響も計り知れません。ピラティスの呼吸法を思い出し、腹横筋に意識を向けることをクセづけましょう。最初のうちは何度も肋骨のポジションが崩れてしまうと思いますが、大切なのは気づくこと。その度に肋骨を閉じるようにすればいいのです。

▼NG動作③の正しい方

腹横筋への意識をクセづけ、
気づく度に肋骨を閉じるようにする

日常生活は美脚エクササイズの宝庫

日常生活に潜む無意識のクセはまだまだたくさんあるのですが、ここにすべて書き切ることはできません。公式メールマガジンや「シンデレラ美脚マスター　オンライン講座」でさらに詳しく解説しているので、あわせて参考にしてみてください。

ここからは日常動作の中でも、特にエクササイズ効果を発揮するものを2つピックアップして紹介します。いつも無意識にしている動作そのものが美脚エクササイズになる、「美脚思考」の真髄ともいえるところです。しっかり理解して実践していってくださいね。

【階段の上り下り】

家の中でも外出先でも、階段のないところはほとんどありません。そして、たいていの人は下半身に体重をかけ、足首を曲げた状態で「ドスン、ドスン」という下り方、上り方をしています。そうすると地面から受ける衝撃をうまく吸収できず、足が歪んでしまいますし、足裏の筋肉が働かないため、脚を動かすのに前腿の筋肉を使ってしまい、それが脚を太くする要因にもなってしまいます。

下りる時も上る時も、**気をつけるポイントは2章で学んだ「美脚のルール」の延長**です。腹筋と背筋で上半身の体重を支えて、進む時は足の甲をしっかり伸ばす。加えて下りる時は親指の先端から下の段に着地するようにして、上る時は外旋筋群を働かせることと下腹部の引き上げをより意識する。そのくらいです。ただし、感覚としてはかなり違和感があると思いますので、始めは手すりにつかまりながら、スローモーションで行うようにしてください。

階段の上り下りは、理に適った足の使い方ができているか、そうでないかで下半身太りの原因にも美脚エクササイズにもなる、非常に影響力の大きい日常動作です。エスカレーターがあると乗ってしまうという人も、118ページから121ページのプロセスでコツをしっかりつかみ、今日から積極的に美脚エクササイズへと変えていきましょう。

【バッグをもつ】

女性であれば、手ぶらで出歩く機会はほとんどないと思います。だからこそ、バッグの持ち方ひとつで体の歪みへの影響度合いが大きく変わります。特に影響を及ぼすのは肋骨のポジションの崩れで、ここが崩れると連動してデコルテが崩れ、肩甲骨を自由に動かせなくなるので肩こり、四十肩、手首や肘の痛みを引き起こしてしまいます。

バッグを持つことで上半身全体が無意識に崩れていく、その連鎖の発端は肘のポジション。

人間の構造上、胴体より肘を前にしたまま歩くと、肩が本来の正しい位置からずれやすくなります。ですから、そもそも歩く時は「肘は胴体より前に出さない」というルールがあって、それはバッグや荷物を持つ場合も同じ。肘を胴体の前に出してバッグを持つと、腕の筋肉だけで支え続けることになり、その負荷に耐えかねて肋骨の位置が崩れてしまうのです。

肩がけタイプでも肘にかけるタイプでも、バッグを持つときは**必ず肘の位置を胴体より後ろにして持つ**ようにする。そうすると、体の中で最も大きな筋肉である広背筋や二の腕の付け根の筋肉が働いて、荷物の重さを楽に支えることができ、なおかつ二の腕のシェイプアップにも繋がります。

バストは垂れ、二の腕はたっぷり、ウエストはくびれなし。そんなボディの要因にカバンの持ち方が影響しているとしたら、今すぐ改善しない手はありません。理に適ったバッグの持ち方をすれば、バストは上向きに、デコルテは広く、鎖骨は埋もれずくっきり、二の腕は引き締まるという、**いいことずくめのビューティエクササイズ**に早変わりするのですから。

やがて体が自然に反応するようになる

「美脚のルール」を応用して、エクササイズに変えられるシーンはまだまだ日常生活の中にたくさんあります。掃除機をかける、お料理を作る、洗濯物を干す、重い荷物を運ぶ、電車のつり革を持つなどなど。どの動作をする時も、基本は立ち方（足裏と足指の使い方）、下腹部の引き上げと中軸の伸長、肩の力を抜く（鎖骨を左右に引っ張るイメージで肩甲骨を下げる）という3つがポイントになってきます。ふだんからなるべくちょこちょこ思い出すようにし、徐々にエクササイズに変えられるシーンを増やしていってください。

体に意識を向け、この3つの理に適った動きを意識し続けていくほど、どんどん簡単にできるようになっていき、日常動作への気づきも増えます。そうすると、このシーンではどう体を動かすのが理に適っているのか、自然と体でわかるようになっていきます。インナーマッスルをどう使うとお通じがスムーズになるか、なんてことから、どう動けば股関節を歪ませずにセックスができるか、なんてことまでわかってしまうのです。私の感覚としては、腹横筋の使い方で腸のぜん動運動をある程度コントロールでき、お通じのリズムを整えられます。セックスも下腹部のインナーマッスルのひとつ、骨盤底筋の使い方が女性のオーガズムと関わっていると考えられますし、男性の気持ち良さも同時にアップするようですよ！

こんなふうに、日常動作が変わることによる好影響は想像以上に多彩。気づきの数が増えるほど、意識の度合いが深まるほどあなたの体はレベルアップし、美脚が確かなものになっていきます。でもまずは焦らず、できることから始めてみて。ひとつを体で理解でき、身につけられたら変化のスピードは徐々に加速していきますから。あなたも今日から日常生活をそっくりエクササイズに変え、特別な運動もエステもなしに〝一生モノ〟の美脚を実現しましょう。

床に落としたものを拾う、下にある物を取る

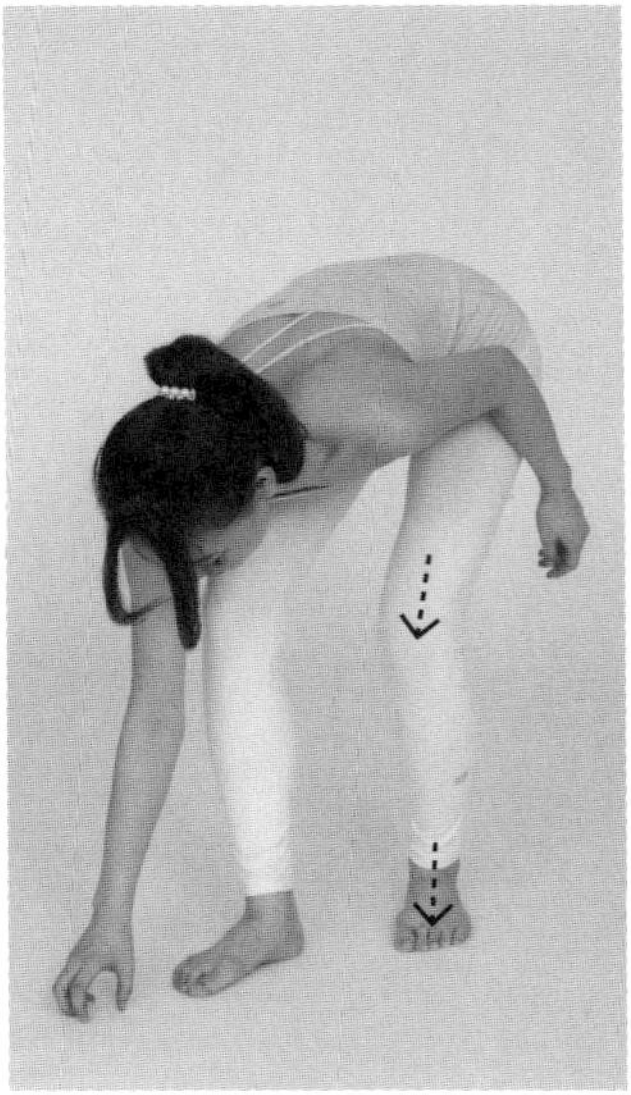

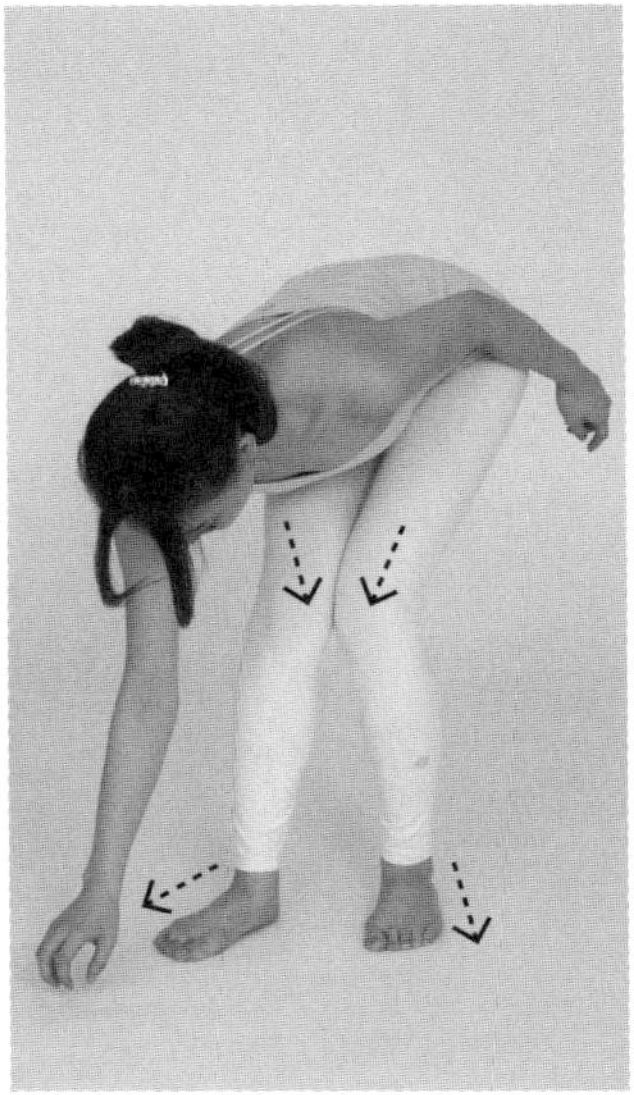

○

膝が足の親指より外側に向き、股関節と膝、足の関係に歪みを生まない理に適った動作。

×

膝を内側に向けてしゃがむことで股関節と膝、足の関係がねじれ、歪みを生む動作。特につま先だけ外に向ける人が多いので、注意してください。

motion 1 ｜ **NG動作①の日常ケースB** ｜ ordinary case

ソファやイスに座って読書する、スマホをチェックする

○

膝とつま先の向きを正面に揃えて座ると、見た目の印象もすっきりキレイ。「膝が内側に向いている方が品良く見える」という思い込みは忘れましょう。

×

電車の中や駅のホームで、こんな人をよく見かけます。膝下の開きを小さくしても、膝とつま先の向きがバラバラなのはNGです。

ソファに座ってテレビを観る、スマホの動画を観る

○

股関節を外旋させてあぐらをかき、その上にクッションをのせて手を置きましょう。肩や腕に余計な力が入らないので、上半身もリラックスします。

×

自宅でリラックスしている時、こんなポーズで長時間過ごしていませんか？ じつは股関節がものすごくねじれる、最悪の動作です！

motion 2 ｜ **NG動作②の日常ケース** ｜ ordinary case

家の中をスリッパで歩く

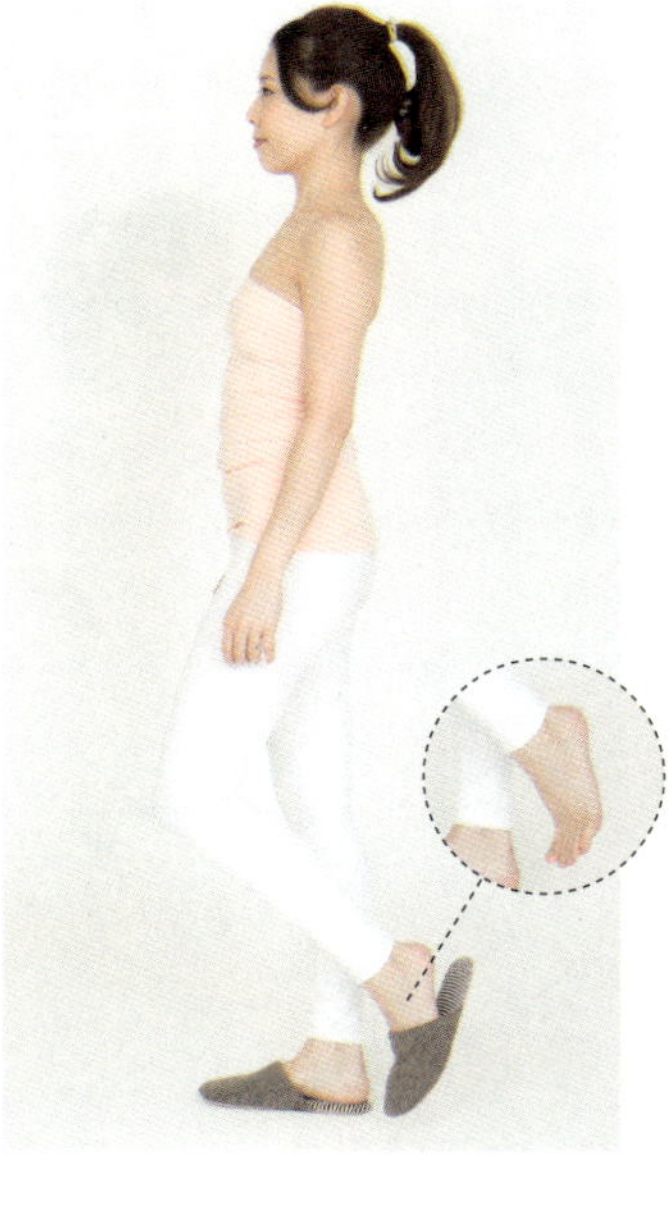

○

ビルケンシュトックのギゼだとこの通り。理に適った足の形にフィットしているので歪むことなく、歩くほど足の筋肉が鍛えられます。

×

歩く度にスリッパとかかとが離れ、脱げないようにと中で足指が反ってしまいます。足が歪むうえ、理に適った立ち方、歩き方ができません。

カフェで友だちとおしゃべりする、デスクワークをする

○

腹横筋を意識して肋骨を閉じ、骨盤の真上にのせた理に適っている姿勢。「中軸の伸長」（72ページ）を実践して、骨盤と肋骨の間隔を離す意識も忘れずに。

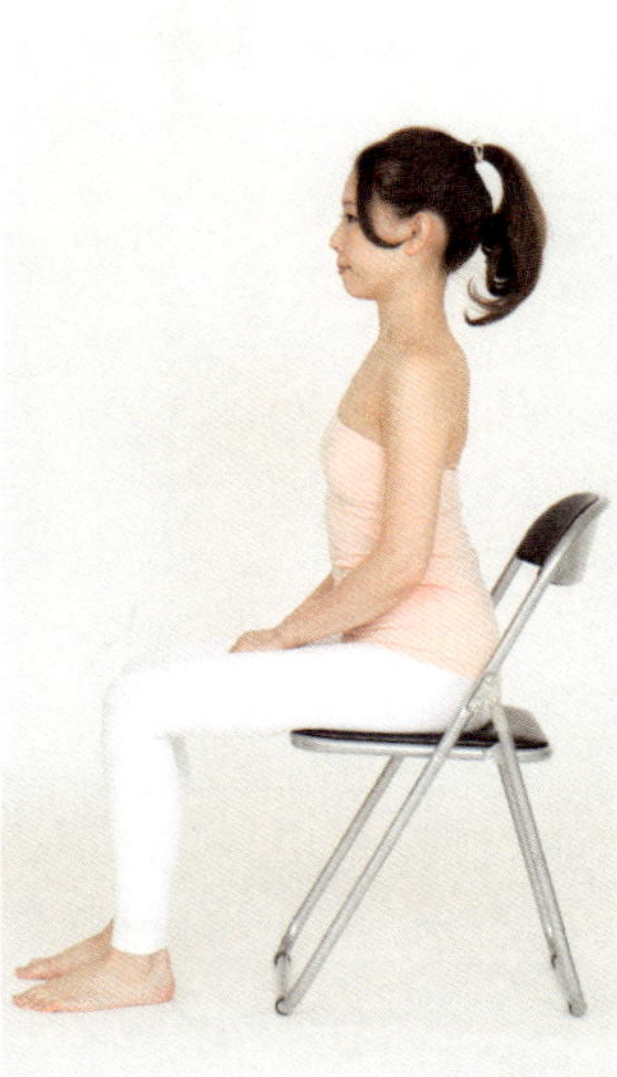

×

腹横筋への意識が抜け、骨盤よりも肋骨が前にせり出しつつ、腰も反り過ぎになっています。これを「いい姿勢」と思っている方が多いので要注意です。

motion 3 ｜ **NG動作③エクストラ** ｜ extra

同じ座り方を長時間続けない

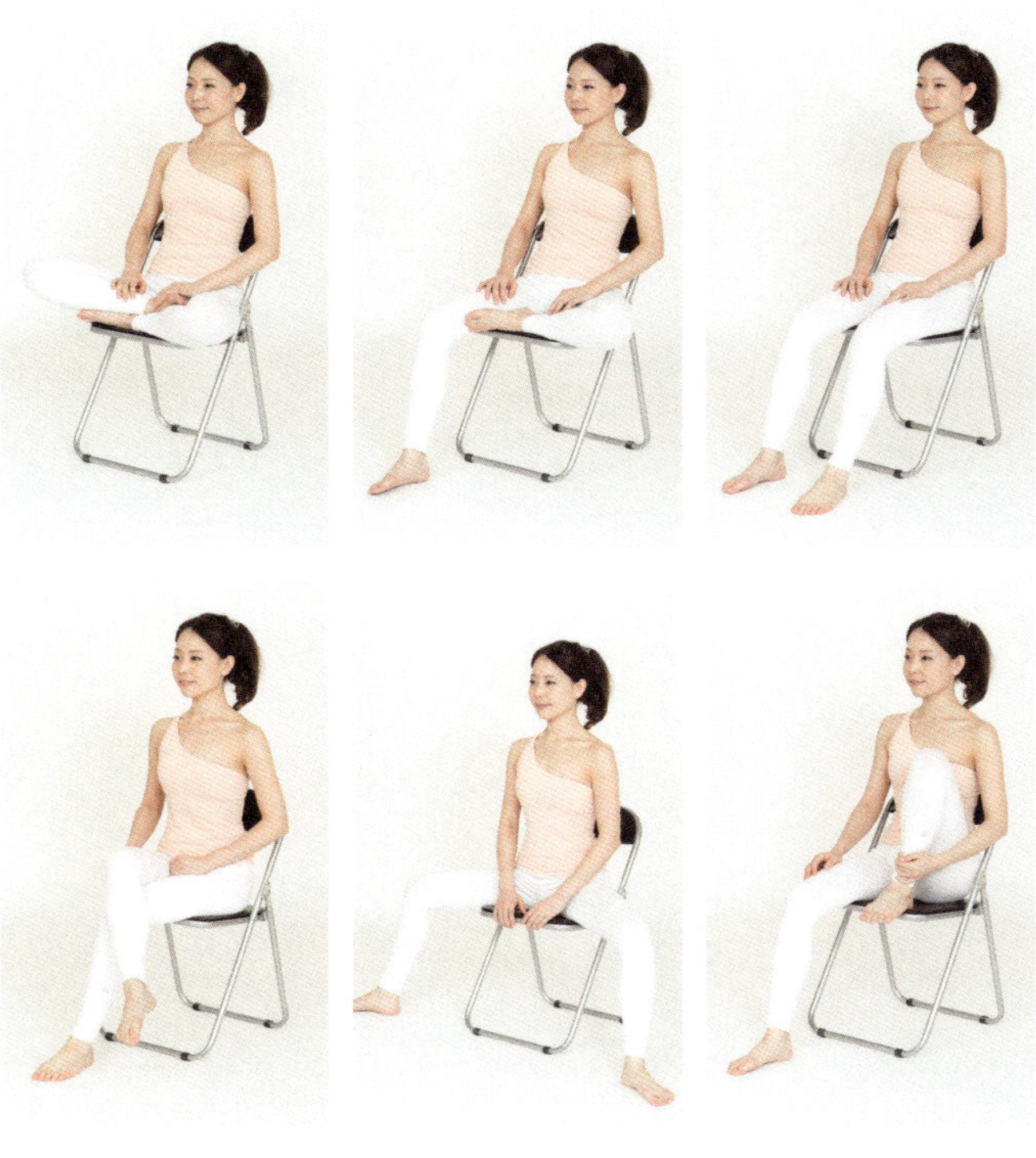

長時間座り続ける時、NG動作と同時に気をつけてほしいのが、同じ座り方を続けないということ。骨盤や股関節の負担を軽減し、下半身をむくませないためにも上のパターンを参考に、15分に一度は座り方を変えるようにしましょう。脚を組む場合は、骨盤の左右の高さがずれないように気をつけて。

階段の下り方

step
1

足が地面から離れると同時に
甲を最大限に伸ばす

step
2

親指の先端から
下の段に着地する

＼ point ／

ほとんどの人は足首が曲がったまま下の段に着地しようとし、足に歪みを生んで脚を太くしています。正しい下り方は今までとまったく感覚の違う動きになりますので、最初は手すりのある階段で実践しましょう。クセづくまでは正確さを最優先して、スローモーションで練習してみてくださいね。

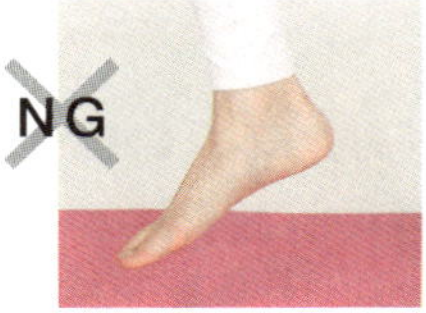

階段の上り方

step
1

左脚の前腿は
リラックスさせ、
外旋筋群を縮める

step
2

縮めた外旋筋群で右脚を上げ、
同時に下腹部の引き上げも意識して
体全体を持ち上げる

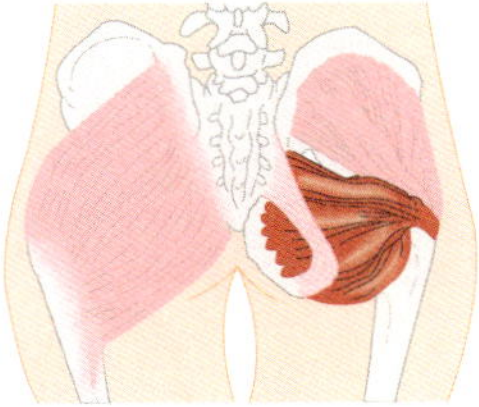

外旋筋群はお尻の下の方にある筋肉（84ページ参照）。くれぐれも前腿の筋肉を縮めて上らないよう、足が地面から離れると同時に甲を伸ばすようにしてください。下腹部の引き上げを意識すると丹田のトレーニングにもなり、下半身への負担が軽くなってさらに美脚効果が高まります。

肩がけバッグを持つ

step
1
肘を後ろにし、肘と手首が
平行になる位置でハンドルを握る

step
2
お腹を引き上げ、足の甲を
しっかり伸ばして歩くとなおよし

肘がけバッグを持つ

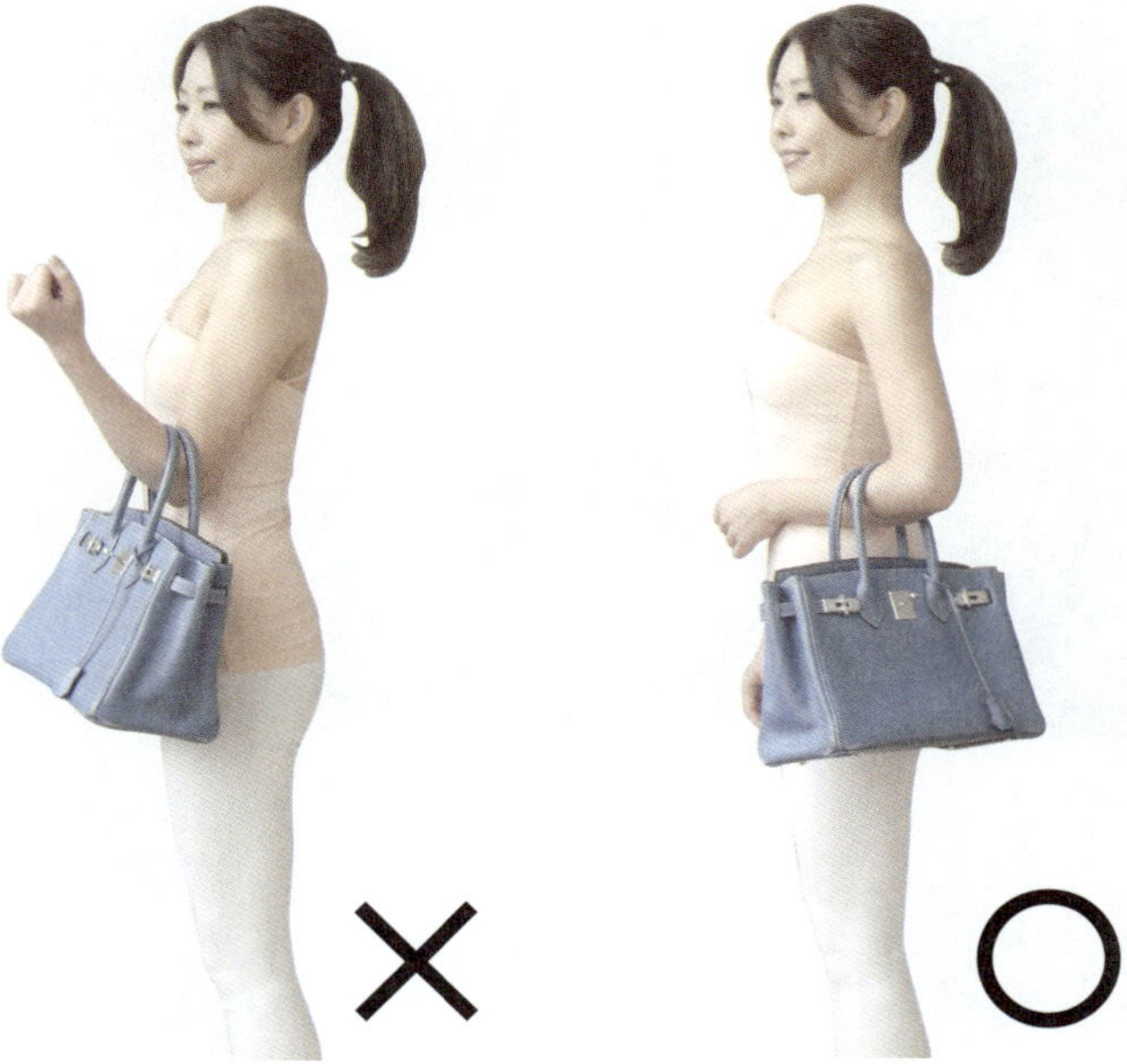

step
1
手首や指先に力を入れず、
どの方向にも手首を曲げない

step
2
バッグを完全に体の後ろにして持ち、
背筋や二の腕の筋肉で支える

立つ、歩く。美脚を作るのは、ふだんの動作

筋肉と脂肪が程よくついていて、
姿勢よく歪みのないボディラインが
男の人も好き♥

「美脚思考」を身につけて、

あなたという人間を

この世界で思う存分表現しよう

CINDERELLA BEAUTY METHOD

4

自分至上最高ボディの誕生

目指すのは誰の真似でもない、〝自分至上〟最高のボディ

「美脚」や「美ボディ」をイメージすると、モデルや女優の体を思い浮かべ、彼女たちを目標にしてしまう人たちがいます。それで思うような結果を手に入れられたら良いのですが、多くの人はそこにたどり着けず、むしろ彼女たちと自分を比べ落ち込んでしまう場合が多いのではないでしょうか。せっかく「キレイになるぞ！」と決意したのに、それでは逆にセルフイメージが下がってしまい本末転倒です。雑誌や広告で見るモデルや女優の写真は、憧れの対象となるようたいてい何かしら加工されています。だから彼女たちにたどり着けないのは当たり前。

私自身はこれまでほかの誰かを目指すことも、誰かと自分を比べることも一切せずに体作りをしてきました。意識したのはひたすら「自分の体の使い方」だけ。〝私の体〟に理に適った動きがクセづかなければ、本当の意味で美しく変わることはできないのですから、それ以外には目もくれず、ひたすら理に適った動きをマスターすることだけに集中したのです。その間、「気づいたら体が美しくなっていた」という体験が何度もありました。体を歪めない、正しい動かし方をするほど体はそれに応えてくれます。それが楽しくて楽しくて、苦しい努力をしたという感覚はまったくありません。

この考え方は今も同じです。私の体型は決してモデルのようではなく、身長も脚の長さも標準的。けれど「機能的で美しいボディを追究する」という明確な意志をもち、19歳から手塩にかけて大事にしてきた体です。ですから、この自分の体が何よりお気に入りなのです。

誰かと比べ始めると、その誰かより自分が勝っているか、負けているかということにばかり意識が向き、肝心の「望みを叶えるためにすべきこと」への意識がおろそかになりがちです。**「美脚思考」の持ち主は、自分の体にとって最高のボディを追い続ける人**。心の軸がぶれ出したら、何度もここに立ち返ってスタートするようにしてみてください。

「美脚」イコール「細い脚」ではない

下半身太り、たれ尻、もっさりとした背中に振袖のような二の腕、そしてバストよりもお肉がたっぷりついたウエスト周り……。そんな体をなんとかしたい、とにかく痩せたいと安易にダイエットに走ってしまう人が多い昨今。でもお伝えしてきたように、**アンバランスなボディラインは、痩せれば美しくなるというものではありません**。何度もお伝えしてきたように、重力に対して適切な使い方をしない限り、ボディラインはバランスよく整わないのです。

そもそも「美しい体」とは、どんな体でしょうか？　それは決して二次元のモデルや女優の体ではないと思います。むしろ、彼女たちの中には不健康なほど痩せ過ぎていて、決して美しいと思えない方もいます。そして実際のところ、痩せ過ぎの体は多くの男性にとっても魅力的ではありません。「細い体がモテる」という時代はもう終わり。〝歪みがなく整っていて、生命力に満ちた体〟、それこそを求めてほしいと思います。

もちろん、その価値観は脚についても同じです。いくら細くても、歪みのある脚はやはり美しく見えず、逆に体重が平均以上でも**筋肉と脂肪がほどよくつき、姿勢よく歪みのない人の脚には、美しさや女性らしさ**を感じます。ですからあなたもぜひ、細さではなく「歪みがないかどうか」「機能的で美しい振る舞いができるかどうか」を美脚の定義にしてください。

無理な食事制限もマッサージもいらない

生徒さんから、「ゴルフボールのフットケアをし続けたら美脚になれますか？」という質問をいただくことがあります。残念ながら、その答えはノー。マッサージやストレッチはほぐすのが役割で、骨を操り、ボディラインを整えるには筋肉を働かせることが必要だからです。また、「美ボディになる＝苦しい努力が必要」という思い込みがあるせいか、「毎日ふくらはぎをマッサージしているのに、一向に美脚になりません」とおっしゃる方もいらっしゃいます。体の専門家から言わせていただけばそれは当然で、**マッサージで美しくなるには限界があり、時間もかかりますから非常に効率の悪い方法**です。余分な脂肪をつけないためにも、血液やリンパの循環を良くするにも、マッサージより筋肉を働かせる方が断然効率的。

食事制限だけで痩せようとする方法も、やはりおすすめできません。体にいいものを適切に摂ることで内臓を健やかに、お肌をキレイにすることはできますから、〝食事改善〟はいいでしょう。ただ、**〝美しいボディライン〟にするには食事改善でも限界があります**。

あなたのボディラインを作っているのは骨と筋肉で、理に適った動作で筋肉を適切に働かせれば、嫌でも美しくなるように体は作られています。たくさん動くほど体は軽くなり、肌は血色よく、明るく健康的になっていきます。私は自分の体作りのため、月3回バレエの稽古をしていますが、稽古を終えた後の方が断然元気になっています。回復させるにも美しくなるにも、体を動かすのが最も効率のいい方法なのです。

理に適っていない動きで筋肉を働かせると、確かに体は疲労します。けれど理に適った動かし方の、適度な負荷の運動は歪みを生まず、筋肉が働くことですぐに血液が循環するので、体全体を内側からイキイキ、美しくしてくれます。

食事改善やマッサージを活用しつつ、自分の筋肉を日常的に、適切に使うことが一番大事であることを理解している。それが「美脚思考」の持ち主です。

美脚思考なら時間の経過が老化でなく、味方になる

この本で紹介したメソッドは、重力と体の関係をもとに理に適った体の使い方を見出したもので、物理学と解剖学が基盤にあります。「背骨がこれだけ傾くと、腰骨の何番目にこれだけの重力による負担がかかる」「足裏を安定させることで腰骨の負担をこれだけ和らげられるが、足裏を安定させられないと腰骨にこれだけの負担がかかる」など、〝人が動くことで発生する歪みや故障はすべて数字で計算できるはず〟という仮説のもと、「ではどういうふうに体を使えば過度な負担を回避できるのか?」を考え、導き出した理論です。この理論を学び、実践することが、若くないという理由で無意味だといえるでしょうか?

もちろん、老化そのものは止められません。50代、60代、70代と年齢を重ねれば、そのぶん体は歪み、動かしづらくなっていきます。だからこそ体が歪まない方法を知り、それが身に

ついているかどうかで10年後、20年後の老化の度合い、ボディラインの美しさが大きな差となって表れるのです。

私はもともと太りやすい体質で、扁平足です。もしも体の使い方を知らず、何も意識せず生活していたら、絶対に今の私はありません。間違いなく今より外反母趾が悪化し、ふくらはぎはむくんで太く、おなかとヒップにたくさん贅肉がついていたでしょう。まぎれもなく、今のボディは私自身が意思をもって作り上げたもの。何を選択し、どう生きてきたかで人生はこうも変わるのかと毎日強く実感しています。私が体作りを始めたのは19歳ですから、50代の女性が取り組むのとでは変化のスピードは違います。それでも、「今より少し良くなれる」ことには変わりありません。重力への適応は、確実に体に影響を与えるからです。

成果を出せる人は必ず目的にフォーカスし、そこから決して目を逸らしません。「トライしても変わらなかったらどうしよう」と不安がよぎっても、ここまで読み進めてくださったなら少し勇気を出してください。もっといえば、**たとえうまくいかなかったとしても、諦めないで**ください。これまでの人生を理に適っていない動作で生きてきた方が、本来の動きを知り、根本からそっくり変わり切るには一定期間の訓練が必要です。ですからどうか諦めず、意識を忘れないで過ごしてみてください。無意識のうち体にかけていた過度な負担が少しずつなくなり、時間が経つほど体の機能が向上し、歪みがなくなるのと同時に引き締まり、ゆくゆくは〝美しくなるしかない〟という状態になるのですから。同じ人生なら、理に適った使い方で生活した方が絶対に得策です。そうすれば、時間の経過は老化とイコールではなくなります。

また、時間には〝そのやり方に慣れるほど成果を出すのが早くなる〟という「加速の法則」があるのをご存じでしょうか？　これはよい方にも悪い方にも当てはまり、つまり老化しやすい体の使い方（理に適っていない動作）を続けるほど老化のスピードは増し、老化しづらい体の使い方（理に適った動作）を続けるほど老化のスピードが落ちていく、ということになります。そして後者なら、時間の経過はもはや若々しさや美しさを奪う敵ではなく、美しくなるための頼もしい味方となってくれるのです。

だからどんな年齢の方でも、何も学ばないよりできることにチャレンジしてほしいと思います。「美脚思考」になるのに、遅過ぎるということはないのですから。

意識でボディラインはコントロールできる

「美脚思考」という言葉に初め違和感を感じた方も、ここまで読んで〝自分の意識で自分のボディラインがコントロールできる〟ようになることを理解していただけたのではないでしょうか。まだ理解できないという方は「意識が動作を変え、動作が美脚を作る」（38ページ）「無意識のクセに気づくことから始める」（99ページ）を読み返してみてください。美脚になれるか否かは、いかに自分の意志で自分の体をコントロールできるかにかかっています。それにはいま無意識で行なっている体の使い方のクセに気づいていかなければなりません。この本で体の使い方の基礎知識を学び、自分の体に意識を向けることがすべてのスタートです。

人間の感覚器官はとても素晴らしく、本人の意識次第でその能力はどこまでも進化できるのではないかという可能性を大いに感じます。不慮の事故で両腕を失った女性が、足の指でメイクをしたり、料理を作ったり、赤ちゃんのオムツを替えているところを動画で見たことがあります。その裏にはもちろん想像も及ばないほどの努力があったでしょう。でももう一方で、自分で「メイクをしたい」「子育てをしたい」という強い意志が制限のある体を乗り越え、奇跡を実現させたのだとも思います。誰もができることではないかもしれませんが、人間の体には大いに可能性が秘められていることの、ひとつの証明です。ですから忘れないでほしいのは、「最初からうまくできなくても、やろうとし続けてください」ということです。

私が指導してきた方たちの中で、うまく成果が出せない方はすぐに人と比べ、自分のできなさを悲観します。ちょっとうまくできないからといって、「私は能力のない人間なんだ」と自己評価をくだし、すでに14年間勉強してきた体の専門家である私と、学び始めたばかりの自分とのレベルの差ばかりが目に入り、肝心のやるべきことと向き合えないのです。

一方で、**成果を出せる方は他人と比べることなく、うまくできないからといって悲観することはありません**。「あー、うまくできない！」と思いつつ、ただひたすら正しく動かそうとし続けていると、ある日「あれ？ なんだか今日はできるぞ」という感覚を得られる日がやってきます。

なぜそうできるのかというと、これまで一緒に生きてきた自分の体のことをダメ扱いしていないから。「スタイルの悪い私の体は認めたくない」「美しい体だけが許される」そんな価値観で心を苦しめ、自分の体から目を逸らしていないからです。

あなたを不幸にさせるのはスタイルの悪さではなく、「許せない」と決めつけるその心。ですから「今までの私の体もＯＫ」という前提で、「もっとキレイになって楽しく生きたい」、そんな動機で意識し続けてみてください。

〝心が落ち込めない体〟ってあるんです

自分自身を見つめることを忘れ、人と比べたり、人の目ばかりを気にしだすと〝心ここにあらず〟の状態になり、自分を見失ってしまいます。「本当はどう生きたいのか？」「私は何が好きで、何が嫌なのか？」そんなことすらわからなくなってしまいます。そんな時、すべての雑音を消して**自分の内面に集中することができたら、悩みだと思っていたことが実は問題ではなかった**ということに気づけたりします。

体に意識を向ける時は、基本的にそれしか考えることができません。私がバレエの稽古をする時も、ひたすら体に意識を向けます。無心でやっているとかなり集中し、複雑な動きもすんなり行うことができるのですが、何かほかのことに囚われると一気に注意が散漫になり、ミスをしてしまいます。無心で練習している時は、まさに雑念が消えた状態。雑念のない90分間の練習を終えた頃には、まるで脳がクリーニングされたような感覚で頭がスッキリしています。体も元気、心もクリーニングされ、そのあとの仕事がはかどることはいうまでもありません。

「体に意識を向け、自分の体がどういう状態かを認識することで、認識できた場所が変化できる状態になる」と前にお話しました。私は心においても同様に、自分がいま何を感じているか、どこに不満を感じていて、どこに喜びを感じているかを認識し、内面を変えたり判断基準や行動を変えたりして、価値観を変化させてきました。この〝雑念を消す体のアプローチ〟と、〝内面を認識する心のアプローチ〟によって、おもしろいことに、私はもはや落ち込めない人になってきたのです。

もちろん、今も私は弱い人間です。けれど、弱いなりにたくましく生きる方法はあって、例えば落ち込みたい時の解決法はとてもシンプル。悲しいことがあった時、「落ち込んではいけない」と食い止めようとすると、心のモヤモヤは晴れません。なぜなら、「落ち込みたい気持ち」を認めていないからです。「落ち込みたい気持ち」を認めないままでは、「落ち込んでいないフリ」はできても本当の意味で元気にはなれません。ですから、そんな時は「よし、とことん落ち込もう！」と落ち込むことを大歓迎します。すると、「落ち込むぞ！　落ち込んでいいんだよ。悲しいよね、泣きたいよね。あれ？　なんだか落ち込めない……」というふうに、落ち込むことを許可すると、なぜか心が変わってしまうのです。そんなふうに、乗り越える力を養えるのも「シンデレラ ビューティー メソッド」の魅力。

私はただ女性の体が美しくなる方法を伝えたいのではなくて、あなたが本当に生きたかった人生を歩むために、メソッドを活用してほしいと思っているのです。

次は、あなたがシンデレラになる！

私は本当にごく普通の家庭に生まれた女の子です。19歳まで「細い」と言われたことがなく、高校の部活動を引退するまではメイクもしたことがありません。学歴で言えば高卒で、その後はただひたすら体の研究をし、20代はすべてアルバイトで生計を立ててきました。輝かしい経歴もなければ貯金もなく、独自の道を進んできました。

そんな私が今では憧れられるほどのボディとなり、また私自身の心のあり方や考え方にも共感をいただき、日本に留まらず、世界中に熱心な生徒さんをたくさんもつことができるようになりました。まさに、自分自身がシンデレラのような変化を経験したのです。そして、**普通の女の子だった私にできたからこそ、誰もがシンデレラになれる、**そう強く思います。

この本を読んでくださっている方たちの中には、「私には無理」という思い込みから自分自身の可能性に自ら制限をかけてしまい、美しくなることや自分自身の人生を生きることを諦めてきた方がいるかもしれません。けれど、美脚は生まれつき備わっているものではなくて、ただ体に意識を向け、「美脚のルール」を学び、日常生活でそのルールを実践していくことで、誰もが手に入れることができるもの。そして体を整え、美しくすることで自分の振る舞いに自信がつき、自然と考え方まで変化していけるのです。ですからここまで読んでくださったあなたも、私に騙されたと思ってぜひ「美脚思考」になることにトライしてほしいと思います。

あなたにできない理由はありません。ルールを実践すれば、実践したぶん変化できます。このメソッドを深くインストールすればするほど、10年後、20年後、30年後の自分を想像もつかないほど変えてしまうことができるのです。あなたも時間を味方につけてください。そして、次はあなたがシンデレラになって、本当にやりたかったことをし、なりたかったあなたになってください。

この世で思う存分自分を表現しよう

私は体の研究が本当に大好きです。19歳でこのテーマと出合ってから、何よりも大事にしてきました。もし生まれ変わりというものがあるなら、次の人生でもこの研究の続きをしたいと思えるほどの気持ちがあります。今となっては自分の体だけでは気が済まなくなり、自分の視界に入る人の動きがおかしいとすぐに気づき、直したくなるほどになってしまいました（笑）。

それほどこのテーマに惚れ、私を突き動かしてきたのは、師匠である夏嶋先生の教えが私にとって何にも代えがたい素晴らしさがある、と感じとったからだと思います。そして、それをもとに開発した「シンデレラ ビューティー メソッド」を通し、ずいぶん幸せな状態へ導いてもらいました。

そんな私には、いま使命があります。それは、私が情熱的に学んできたことのすべてを女性が美しくなるためのメソッドに変え、多くの女性がなりたい自分になり、その自分をこの世界で思う存分表現して、イキイキと輝いて幸せに過ごしてもらう、という使命です。

「表現」というのは、自分の価値を創造することです。あなたは自分の力で、自分の価値を無限に創造していくことができます。誰かがあなたを幸せにしてくれたり、価値を高めてくれるのではなくて、あなたが自分という人間をこの世界で表現することで、あなたの価値が無限に広がっていくのです。これこそが、人生のおもしろさだと私は思います。何かのゴールを目指して生きるのではなく、あなたという人間を毎日作り上げていく。その日常自体が面倒くさくておもしろいのです。

女性として生まれてきたからには、女性性を否定しないで、あなたという人間をこの世界に解放してください。あなたはとても美しく、これからもっともっと美しくなることができます。自分自身を制限する無意味な思い込みや雑念に惑わされず、本当に生きたかった人生を歩んでほしい。そのために、「美脚思考」をあなたの頭と体にインストールしてください。自信溢れるあなたになって、まわりの光になってください。あなたのその尊い行動をサポートするのが、私の役目でありたいと思っています。

―おわりに―

この度は、私に奇跡を起こしてくれた大切なメソッドをついに本書で公開することができることになり、本当にうれしく思っています。

「シンデレラ ビューティー メソッド」の基盤となっている夏嶋先生の教えは、アスリートのために研究されていたもので、トップアスリートがお忍びで先生のもとに通っておられました。24歳の頃、当時実家がある京都から先生がいらっしゃる静岡へ何度も足を運び、朝から晩まで見学させていただきました。お金もなく、学びたい情熱しかなかった私に、夏嶋先生や関係者の方々には大変良くしていただき、お世話になりました。

ある日夏嶋先生に、バレエの研究を通して学んだ180度開脚をする時の体の使い方を目の前でやって見せたところ、「すごい。体の使い方をよく理解している。歪み方がわかっているから痛みも分かる。バレエの先生にはそれがわからない。桃ちゃん、君の学んだバレエの知識は財産やぞ」と褒めてくださいました。私はその日眠れないほどうれしくて、宿に帰ってからも一人で飛び跳ねていたことを覚えています。

その後、先生からのアドバイスによって、私は治療家からインストラクターに転身しました。今の私があるのは、先生からのそのひと言があったおかげです。

夏嶋先生ご自身の知識と技術は、「傷ついた兵士をいかに早く回復させるか」という研究をされていた方との出会いで作り上げていったものと聞いています。そうやって、時代の変化や受け継いだ者によって形を変え存続する「普遍の法則」と人生の早い段階で出合えたことは、本当に幸運だと思っています。そして、この素晴らしいメソッドがいま女性のために生かされ、広まっていくことを何よりもうれしく思います。

「人が論じた理論は鵜呑みにするな。学（がく）を学べ。そしてその事実をもとに治し方は自分で考えろ」。これが夏嶋先生の教えです。この教えは体の研究だけでなく、私の人生そのものにも影響を与えています。さまざまな情報が溢れる中で軸をぶらさず、一心に自分が進みたい道を進み、人生や仕事においても夢を叶えていくことができました。今では自分を作り上げてきたこの考え方まで、たくさんの人に伝えることができています。

このメソッドは、私の人生と共に作り上げてきました。まだまだこの先も研究を続けていきます。体の分野だけに留まらず、女性がなりたい自分になって、輝いて生きるための考え方を示していけるよう、自分自身が率先して輝いて生きていこうと思っています。

このように仕事をすることができて、本当に幸せです。今の私があるのは間違いなく、数え切れないほどたくさんの方からの応援があったからこそ。また、多くの生徒さんたちからも愛されて、本当に幸せ者だと思います。

今回の出版に際し、私にアタックしてくださった株式会社ミライカナイの原口大輔さん、良いものを作りたいと私を選んでくださった代表の津川晋一さん、そして私のことを去年からずっと応援し続けてくださった編集の神津まり江さんに、心から感謝いたします。

２０１７年１月　吉永桃子

吉永桃子

1983年京都府生まれ。美脚インストラクター。ダイナミックビューティー株式会社代表。19歳から動作の研究を始め、アスリートがお忍びで通う治療家に師事。20歳からは解剖学を理解するため、バレエを始める。その後、整形外科リハビリ部勤務を経て、整体院を開業するも「施術で身体を整える」ことの限界を感じ、ピラティスをマスターするために上京。2013年から正しい動作を指導する美脚インストラクターとして活動する。バレエダンサーのようにしなやかな美ボディと確かな理論に裏付けされたその指導は、パーソナルレッスンの新規受付は現在一年以上待ち、東京・大阪で定期的に開催する美脚セミナーは募集開始から一時間でキャンセル待ちになるほどの人気。

Mirai Kanai

美脚思考

2017年2月1日　第一刷発行

著　者　吉永桃子
発行者　津川晋一
発　行　株式会社ミライカナイ
〒104-0052　東京都中央区月島1-5-1-4307
URL:www.miraikanai.com
Mail:info@miraikanai.com
Tel　050-3823-2956(代表)
050-3823-2957(営業)
050-3823-2958(編集)
Fax　050-3737-3375

撮　影　高嶋佳代
デザイン　白水奈緒美
イラスト　石田舞子
ヘア&メイク　成富美智子
編　集　神津まり江

印刷・製本　中央精版印刷株式会社

検印廃止